LIVRE DE RECETTES DE THANKSGIVING:

60 RECETTES ORIGINALES DE THANKSGIVING TRADITIONNELLES FACILES À CUISINER POUR TOUTE LA FAMILLE!

LIVRE DE RECETTES DE THANKSGIVING.

Par : Michelle Lee

Version 1.1 ~Novembre 2021

Publié par Michelle Lee sur KDP

Bien que l'éditeur et l'auteur aient fait tout leur possible pour s'assurer que les informations contenues dans ce livre étaient correctes au moment de l'impression et bien que cette publication soit conçue pour fournir des informations précises sur le sujet traité, l'éditeur et l'auteur n'assument aucune responsabilité pour les erreurs, inexactitudes, omissions ou autres incohérences contenues dans ce livre et déclinent toute responsabilité envers toute partie pour toute perte, tout dommage ou toute perturbation causés par des erreurs ou des omissions, que ces erreurs ou omissions résultent d'une négligence, d'un accident ou de toute autre cause.

Cette publication est conçue comme une source d'informations précieuses pour le lecteur, mais elle n'est pas destinée à remplacer l'assistance directe d'un expert. Si un tel niveau d'assistance est requis, il convient de faire appel aux services d'un professionnel compétent.

Table des matières

Introduction.

Thanksgiving est certainement l'une des fêtes les plus importantes de l'année. Non seulement vous pouvez réunir votre famille, vos amis et vos proches autour de la table, mais vous pouvez aussi préparer de nombreux plats délicieux.

Chacun a ses recettes et ses plats préférés pour Thanksgiving. Nous voulons tous impressionner nos invités et passer une excellente journée de Thanksgiving avec tous ceux que nous aimons. C'est pourquoi ce livre de cuisine a été écrit pour vous donner les plats de Thanksgiving les plus délicieux, savoureux et traditionnels que vous pouvez manger ou cuisiner à la maison cette année. Vous découvrirez également les recettes les plus faciles à réaliser avec des ingrédients traditionnels pour cette fête !

Ce livre de cuisine de Thanksgiving est très utile avec les plats les plus populaires, les plats les plus souhaités, les recettes les plus inattendues et les plus faciles que vous ayez jamais vues. 70 % des plats sont nouveaux pour vous et conviennent parfaitement à vos invités.

Choisissez simplement vos recettes préférées dans ce livre de cuisine et essayez-les. Vos invités adoreront votre cuisine, et vous resterez détendu avec votre famille (ou vos amis) sans passer trop de temps dans la cuisine.

L'auteur de ce livre est un fervent cuisinier de Thanksgiving qui a concocté 60 recettes délicieuses, faciles à réaliser et traditionnelles pour le plus grand plaisir de vos invités cette année ! Qu'il s'agisse d'un repas simple ou d'un festin, nous voulons que votre repas de Thanksgiving soit mémorable et délicieux.

Chapitre 1   Conseils pour préparer un repas de Thanksgiving parfait.

Préparer un repas de Thanksgiving peut être une excellente activité, mais cela peut aussi être très stressant. Cuisiner pour un grand groupe n'est pas toujours facile, mais cela peut l'être si vous suivez quelques conseils simples qui rendront votre repas de Thanksgiving parfait.

Conseil numéro un : faire une liste de courses.

Avant même de commencer à cuisiner, il est essentiel de faire une liste d'épicerie pour votre dîner de Thanksgiving. Commencez par consulter les recettes de ce livre et choisissez celles que vous souhaitez réaliser.

Une fois que vous avez les recettes, prenez le temps de fouiller dans vos placards. Faites une liste de ce que vous avez et une autre de ce dont vous avez besoin. Soyez minutieux dans votre liste, car la dernière chose que vous voulez, c'est de ne pas avoir les articles sous la main lorsque vous préparez votre repas.

Conseil n° 2 : vérifiez l'âge de vos épices.

Les épices, si elles ne se détériorent pas techniquement, peuvent perdre leur saveur. Bien que beaucoup de gens n'y pensent pas, il est impératif de vérifier l'âge de vos épices. Les épices qui ont plus de six mois perdent beaucoup de saveurs et peuvent donner des aliments fades. Achetez plutôt des épices fraîches avant Thanksgiving si vos épices ont plus de six mois. Croyez-moi, la saveur que vous obtiendrez des épices vaudra l'investissement supplémentaire.

Conseil numéro trois : Préparez vos repas à l'avance.

De nombreux plats, notamment les desserts, peuvent être préparés à l'avance. Essayez donc d'en préparer le plus possible la veille de la fête. Vous serez ainsi moins occupé le jour du repas, et vous aurez le temps de vous détendre et de profiter de votre famille et de vos amis.

De plus, en préparant les plats à l'avance, vous éviterez de gâcher une recette. Croyez-moi, il peut être très facile de gâcher plusieurs plats lorsque vous les préparez simultanément.

Conseil numéro quatre : Préparez-vous le matin.

Un autre bon conseil pour que votre repas de Thanksgiving se déroule sans accroc est de faire tous les travaux de préparation le matin. Cela signifie que vous devez couper les pommes de terre et les mettre dans l'eau, couper tous les légumes, préparer la dinde et faire tout ce qui vous vient à l'esprit. Plus vous en aurez fait, plus la journée sera facile.

Conseil numéro cinq : Demandez un peu d'aide.

Une bonne nourriture, un bon vin et une bonne compagnie rendront le temps passé dans la cuisine encore plus facile. Demandez aux gens d'apporter un plat, ou invitez-les à vous aider dans la cuisine pendant que vous cuisinez. Les invités seront heureux d'aider, et vous serez heureux d'avoir de la compagnie.

En fin de compte, le meilleur moyen de passer un Thanksgiving parfait est de se détendre et de ne pas s'inquiéter des petites choses. Faites tous les préparatifs en avance, afin de ne pas avoir à vous précipiter pour faire les choses. En suivant ces cinq conseils simples, votre dîner de Thanksgiving sera parfait.

Chapitre 2   Plats principaux à base de dinde.

1. Dinde rôtie aux herbes.

Temps de préparation : 15 minutes

Temps de cuisson : 3 heures et 30 minutes

Portions : 12

Ingrédients:

- 12 lb de dinde
- - 3/4 de tasse d'huile d'olive
- - 2 c. à soupe de poudre d'ail
- - 1 cuillère à café de sel
- - 1/2 c. à thé de poivre moulu
- - 2 cuillères à café de basilic séché
- - 1 cuillère à café de sauge
- - 2 tasses d'eau.

Directions:

1. Préchauffer le four à 325°F. Préparer la dinde pour la cuisson. Nettoyer l'intérieur, enlever les plumes d'épingle qui sont restées.
2. 2.   Jeter les organes, les abats et tout autre débris restant dans la cavité. Mettez la dinde dans votre rôtissoire, et mettez-la de côté.
3. 3.   Dans un bol, mélangez au fouet l'huile d'olive et la poudre d'ail. Ajoutez le sel et le poivre. Incorporez le basilic et la sauge. Mélangez jusqu'à ce que le tout soit bien homogène.
4. 4.   Tremper un pinceau à badigeonner dans le mélange d'huile d'olive et en badigeonner la dinde. Répétez l'opération jusqu'à ce que toute la dinde soit recouverte d'huile et qu'il ne reste plus de mélange d'huile d'olive.
5. 5.   Versez 2 tasses d'eau dans votre rôtissoire, en veillant à ne pas verser l'eau sur la dinde car vous ne voulez pas perdre l'huile. Couvrez avec le couvercle de la rôtissoire ou du papier d'aluminium.
6. 6.   Mettez au four et faites cuire pendant 3 heures et demie. Retirer, puis laisser reposer pendant 30 minutes avant de servir. Servir chaud.

Nutrition:

Calories: 884

Calories provenant des graisses: 318

Graisse: 35.3 g.

Glucides: 1.1 g.

Protéine: 133.1g.

2. Maple Roasted Turkey.

Preparation time: 30 minutes

Cooking time: 3 hours and 30 minutes

Servings: 12

Ingredients:

- 12 lb. turkey
- 1/3 cup of maple syrup
- 2 cups of apple cider vinegar
- 2 1/2 tbsp of fresh thyme
- 2 tbsp of fresh marjoram
- 1 1/2 tsp of lemon zest
- 3/4 cup of butter
- Salt to taste
- Pepper to taste
- 2 cups of onion, chopped
- 1 1/2 cups of carrots, chopped
- 1 1/2 cups of celery, chopped
- 3 cups of chicken broth
- 1/4 cup of flour, all-purpose

- 1/2 cup of apple brandy
- 1 bay leaf.

Directions:

1. Preheat the oven to 375°F.
2. Prepare the turkey for baking. Clean out the inside, remove any pin feathers that were left. Discard any other debris left in the cavity. Reserve the organs and giblets
3. Place the turkey in a roasting pan. In a large saucepan, whisk together the maple syrup and apple cider.
4. Set on the stove over a medium-high temperature. Boil the mixture, then continue cooking until you have reduced the liquid to 1/2 cup. Remove from heat.
5. Wash and chop the thyme and marjoram. Add 1 tablespoon of thyme and 1 tablespoon of marjoram immediately to the hot maple syrup mixture.
6. Zest the lemon, and add to the maple syrup mixture. Stir in the butter, and mix until it has melted.
7. Season with salt plus pepper until you have your desired taste. Place in the refrigerator until it is cold.
8. Set aside 1/4 cup of maple syrup mixture, and rub the remaining mixture onto the turkey. On the breast, rub the mixture under the skin.
9. Set aside the turkey when it has maple syrup on it. Wash, peel, and chop the onion and carrots.
10. Wash and chop the celery. Toss the vegetables together. Pour around the turkey. Place the neck and giblets on top of the vegetables.
11. Sprinkle the vegetables with 1 tbsp of thyme and 1 tbsp of marjoram. Put 2 cups of chicken broth over the vegetables. Place in the oven, and bake for 30 minutes.
12. After 30 minutes, cover the turkey with aluminum foil, and reduce the oven's temperature to 350°F. Bake for an additional 2 1/2 to 3 hours. Remove from heat, and allow to stand for 30 minutes.
13. While it is standing, remove the juices from the pan into a large measuring cup. Skim off any excess Graisse using a spoon.
14. Fill the measuring cup with chicken broth until you have 3 cups of liquid (broth and juices). Pour into a saucepan on the stove. Set the temperature to medium-high.

15. Bring the liquid to a boil. While it is cooking, whisk the rest of the maple syrup mixture and 1/3 cup of flour. Pour into the broth, and mix well.
16. Add the remaining thyme, and stir well. Add the bay leaf. Boil, frequently stirring, until the sauce thickens. This usually takes about 10 minutes.
17. Remove from heat, and fold in the apple brandy. Season with salt and pepper, if desired. Remove the bay leaf. Serve the turkey, and use the maple sauce as a gravy. Serve warm.

Nutrition:

Calories: 942

Graisse: 34.7 g.

Glucides: 12.6 g.

Protéine: 134.9 g.

3. Dinde glacée à la grenade.

Temps de préparation : 10 minutes

Temps de cuisson : 30 minutes

Portions : 6

Ingrédients:

- 12 lb de dinde
- - 6 tasses d'eau
- - 4 brins de persil
- - 2 oignons
- - 1 carotte
- - 1 branche de céleri
- - 1 citron
- - 10 brins de menthe
- - 1 tasse de jus d'orange
- - 1 tasse de jus d'orange
- - 1/2 tasse de mélasse de grenade
- - 2 cuillères à soupe d'huile d'olive
- - 1 cuillère à café de poivre rouge séché écrasé
- - 1 cuillère à soupe de sel
- - 3 cuillères à soupe de beurre, non salé
- - Sel et poivre à volonté.

Directions:

1. Préchauffer le four à 400°F. Préparer la dinde pour la cuisson. Nettoyer l'intérieur, enlever les plumes d'épingle qui sont restées. Jeter tout autre débris restant dans la cavité. Réserver les organes et les abats.
2. Placez la dinde dans une rôtissoire. Dans une grande casserole, mélangez l'eau et les brins de persil frais. Ajouter le cou, le cœur et les gésiers réservés.
3. Lavez, épluchez et hachez un oignon et une carotte. Lavez la branche de céleri et coupez-la en morceaux. Ajoutez les légumes à l'eau. Placez sur la cuisinière et réglez à feu moyen. Portez à ébullition et réduisez le feu.

4. Laisser mijoter jusqu'à ce que le bouillon soit réduit à environ 3 tasses. Cela prend généralement environ une heure. Retirez du feu et filtrez. Gardez le liquide, mais jetez les solides.

5. Lavez le citron et coupez-le en quatre. Lavez et épluchez l'oignon restant, puis coupez-le en quatre. Mélangez l'oignon et les quartiers de citron.

6. Incorporez les brins de menthe. Remplissez la cavité de votre dinde avec le mélange de citron. Attachez les pattes ensemble sans serrer.

7. Dans un grand bol, fouettez ensemble le jus d'orange et la mélasse de grenade. Versez l'huile d'olive. Ajoutez le poivre rouge et le sel. Bien mélanger.

8. À l'aide d'un pinceau à badigeonner, appliquez le glaçage à la grenade sur la dinde, en essayant de passer sous la peau jusqu'à ce qu'elle soit recouverte d'une fine couche. Mettre au four et faire cuire pendant 20 minutes.

9. Retirer du four et verser 1 tasse de bouillon dans la poêle. Badigeonner la dinde avec le glaçage à la grenade. Remettre au four et faire cuire pendant 20 minutes supplémentaires.

10. Retirer et verser à nouveau 1 tasse de bouillon dans le four. Badigeonner la dinde avec le glaçage à la grenade. Couvrir la dinde de papier d'aluminium et rcmettre au four.

11. Faites cuire pendant 20 minutes supplémentaires. Retirer du four et badigeonner la dinde avec le glaçage à la grenade. Régler la température du four à 325°F.

12. Remettre au four, couvert de papier d'aluminium, et faire cuire pendant environ 1 heure et demie. Pendant la cuisson, veillez à badigeonner la dinde de glaçage toutes les 20 minutes.

13. Retirer la dinde du plat. Laisser reposer pendant 30 minutes avec le papier d'aluminium tendu sur la dinde. Pendant que la dinde est debout, retirez la Graisse des jus de cuisson à l'aide d'une cuillère.

14. Placez la rôtissoire sur votre cuisinière, sur deux brûleurs. Réglez la température à feu moyen-élevé sur les brûleurs. Versez la tasse de bouillon restante.

15. Portez à ébullition en remuant fréquemment. Grattez la casserole pour enlever les morceaux brunis. Une fois l'ébullition atteinte, ajoutez le beurre.

16. Assaisonnez de sel et de poivre, et remuez jusqu'à ce que la sauce soit épaisse et lisse. Versez la sauce sur la dinde après l'avoir servie. Servez chaud.

Nutrition:

Calories: 886

Graisse: 28.0 g.

Glucides: 16.9 g.

Protéine: 133.4 g.

4. Dinde grillée.

Temps de préparation : 45 minutes

Temps de cuisson : 5 heures

Portions : 12

Ingrédients:

- 12 lb de dinde
- - 2 tasses de beurre
- - 1/4 de tasse de mélange de base pour soupe au poulet
- - 5 pommes, n'importe quel type
- - 3 oignons doux
- - 4 gousses d'ail
- - 3 tasses de vin blanc sec.

Directions:

1. Préchauffez le barbecue à feu doux. Préparez la dinde pour la cuisson. Nettoyer l'intérieur, enlever les plumes d'épingle qui sont restées. Jeter les organes, les abats et tout autre débris laissé dans la cavité.
2. Prenez 1 tasse de beurre et frottez-en toute la dinde, y compris l'intérieur de la cavité. Répétez l'opération avec le mélange de base pour soupe au poulet.
3. Placez la dinde dans une rôtissoire. Laver et épépiner les pommes, mais ne pas les peler. Couper en tranches épaisses. Laver, éplucher et couper les oignons en quartiers.
4. Placez les pommes et les oignons dans un bol. Hacher l'ail et l'ajouter au mélange de pommes. Couper la tasse de beurre restante et la mélanger aux pommes.
5. Farcir le mélange dans la dinde propre. Versez le vin dans la cavité de la dinde. Couvrir la dinde de papier d'aluminium.
6. Placez-la dans la grille du barbecue, et fermez le couvercle de la grille du barbecue. Faire rôtir pendant environ 4 heures et demie ou jusqu'à ce que la partie la plus épaisse de la cuisse atteigne une température interne de 180 °F.
7. Retirez le papier d'aluminium et refermez le couvercle du barbecue. Faites cuire pendant une demi-heure supplémentaire ou jusqu'à ce que la peau soit dorée.

8. Retirer, puis laisser reposer la dinde pendant 20 minutes. Découper et servir chaud.

Nutrition:

Calories: 1144

Graisse: 53.4 g.

Glucides: 15.0 g.

Protéine: 133.5 g.

5. Dinde rôtie au four.

Temps de préparation : 30 minutes

Temps de cuisson : 3 heures et 30 minutes

Portions : 10

Ingrédients:

- 12 lb de dinde
- - 1 1/2 c. à thé de poudre d'oignon
- - 1 1/2 c. à thé de poudre d'ail
- - 1 cuillère à café de poivre de Cayenne
- - 1 c. à soupe de paprika fumé
- - 1 cuillère à café de thym
- - 1 cuillère à soupe de sel
- - 1 1/2 cuillère à café de poivre
- - 1/3 de tasse d'huile d'olive.

Directions:

1. Préchauffer le four à 325°F. Préparer la dinde pour la cuisson. Nettoyer l'intérieur, enlever les plumes d'épingle qui sont restées. Jeter les organes, les abats et tout autre débris laissé dans la cavité.
2. Placez la dinde dans votre rôtissoire, puis mettez-la de côté. Dans un petit bol, mélanger au fouet la poudre d'oignon et la poudre d'ail. Incorporer le poivre de Cayenne, le paprika et le thym.
3. Incorporer le sel et le poivre moulu. Mélangez jusqu'à ce que le tout soit bien homogène. Frottez vos épices sous la peau de la dinde. Saupoudrez-en un peu dans la cavité de la dinde, puis le reste sur la peau de la dinde.
4. Mettez-la au réfrigérateur et laissez-la refroidir et mariner toute la nuit. Retirer du réfrigérateur, et arroser la peau de la dinde d'huile d'olive.
5. Envelopper avec du papier d'aluminium et placer dans le four préchauffé. Faire cuire pendant 3 heures à 3 heures et demie ou jusqu'à ce que la partie la plus épaisse de la cuisse atteigne une température interne de 180°F.
6. Retirer, puis laisser reposer la dinde pendant 30 minutes. Découper et servir chaud.

Nutrition:

Calories: 989

Graisse: 34.1 g.

Glucides: 1.4 g.

Protéine: 159.7 g.

6. Cuisses de dinde à la mijoteuse et légumes verts savoureux.

Temps de préparation : 10 minutes

Temps de cuisson : 6 heures

Portions : 4-6

Ingrédients:

- 2 cuisses de dinde fumées, environ 1 ½ lb chacune
- - 4 tasses de feuilles de chou vert, hachées
- - 4 tasses de feuilles de navet, hachées
- - 1 oignon rouge, tranché
- - 5 gousses d'ail, écrasées et émincées
- - ½ tasse de vinaigre de cidre de pomme
- - 1 tasse de bouillon de poulet
- - 1 cuillère à soupe de sucre brun
- - 1 cuillère à soupe de flocons de piment rouge écrasés
- - 1 cuillère à café de sel
- - 1 cuillère à café de poivre noir.

Directions:

1. Placez tous les légumes verts dans une grande mijoteuse. Ajouter l'oignon, l'ail, le vinaigre de cidre de pomme, le bouillon de poulet et les flocons de piment rouge. Saupoudrer de sucre brun et remuer pour mélanger.
2. Placez les cuisses de dinde sur le dessus et assaisonnez de sel et de poivre noir. Couvrez et faites cuire à feu doux pendant 6 heures.
3. Servir les légumes verts dans un grand bol de service avec, à côté, soit des ailes de dinde entières, soit la viande déchiquetée des cuisses.

Nutrition:

Calories: 595

Carbs: 14g

Graisse: 14g

Protéine: 97g.

7. Poitrine de dinde au citron et à la sauge.

Temps de préparation : 15 minutes

Temps de cuisson : 6 heures

Portions : 6

Ingrédients:

- 1 poitrine de dinde, environ 3 à 4 livres
- - 4 tasses de pommes de terre rouges, coupées en deux
- - 1 tasse d'oignon jaune doux, tranché
- - 2 tasses de bulbe de fenouil, tranché
- - 2 tasses de carottes, tranchées
- - ½ tasse de beurre ramolli
- - ¼ tasse de jus de citron
- - 1 cuillère à soupe de zeste de citron
- - 2 cuillères à café de sauge séchée
- - 1 cuillère à café de sel
- - 1 cuillère à café de poivre noir
- - ½ tasse de bouillon de poulet
- - Persil frais pour la garniture.

Directions:

1. Dans une grande mijoteuse, ajouter les pommes de terre rouges, l'oignon, le fenouil et les carottes. Remuer pour mélanger. Dans un petit bol, mélanger le beurre, le jus de citron, le zeste de citron et la sauge séchée. Bien mélanger.
2. Prenez environ 1 à 2 cuillères à soupe du beurre aux herbes et placez-le en points sur les légumes.
3. Couper délicatement et soulever légèrement la peau de la poitrine de dinde. Placer le reste du beurre aux herbes sous la peau, en travaillant aussi uniformément que possible autour de la poitrine de dinde.
4. Mettre la poitrine de dinde dans la mijoteuse et assaisonner de sel et de poivre noir.

5. Ajouter le bouillon de poulet, couvrir et faire cuire à feu doux pendant 6 heures ou jusqu'à ce que la dinde soit complètement cuite. Laisser reposer dix minutes avant de servir. Garnir de persil frais.

Nutrition:

Calories: 101

Carbs: 6g

Graisse: 4g

Protéine: 11g.

8. Dinde au cidre.

Temps de préparation : 15 minutes

Temps de cuisson : 6 heures

Portions : 6

Ingrédients:

- 1 poitrine de dinde, environ 3 à 4 livres
- - 4 tasses de pommes assorties, pelées et tranchées
- - ½ tasse d'échalotes, tranchées
- - ½ cuillère à café de cannelle
- - ½ tasse de beurre ramolli
- - 1 cuillère à café de thym
- - 3 gousses d'ail, écrasées et émincées
- - 1 cuillère à café de paprika
- - ½ cuillère à café de sauge
- - 1 cuillère à café de sel
- - 1 cuillère à café de poivre noir
- - 1 bouteille de cidre dur (12 onces).

Directions:

1. Placez les pommes, les échalotes et la cannelle dans le fond d'une grande mijoteuse. Remuer pour mélanger. Dans un petit bol, mélanger le beurre, le thym, l'ail, le paprika et la sauge. Bien mélanger.
2. Soulevez délicatement la peau de la poitrine de dinde et placez le beurre aux herbes en dessous, en travaillant aussi uniformément que possible autour de la poitrine de dinde.
3. Placez la poitrine de dinde dans votre mijoteuse et assaisonnez-la de sel et de poivre noir. Ajoutez le cidre dur, couvrez et faites cuire à feu doux pendant 6 heures ou jusqu'à ce que la dinde soit bien cuite.
4. Retirez la dinde et laissez-la reposer pendant dix minutes avant de la servir. Pendant ce temps, écrasez doucement les pommes et les échalotes pour obtenir une compote de pommes épaisse, texturée et savoureuse.

Nutrition:

Calories: 130

Carbs: 33g

Graisse: 0g

Protéine: 0g.

9. Dinde à la poêle de la moisson.

Temps de préparation : 5 minutes

Temps de cuisson : 20-25 minutes

Portions : 4

Ingrédients:

- 1 ½ livres de filet de dinde, tranché
- - 2 cuillères à soupe de beurre
- - 1 tasse de cidre de pomme
- - ½ tasse d'échalotes, tranchées
- - 1 cuillère à soupe de sucre brun
- - ½ cuillère à café de cannelle
- - ½ cuillère à café de noix de muscade
- - 1 cuillère à café de sel
- - 1 cuillère à café de poivre noir
- - 1 cuillère à soupe de fécule de maïs
- - ¼ tasse de bouillon de poulet
- - ½ tasse de persil frais.

Directions:

1. Faites fondre le beurre à feu moyen dans une grande poêle. Ajouter la dinde et la faire légèrement dorer des deux côtés. Ajouter le cidre de pommes, les échalotes, la cassonade, la cannelle, la muscade, le sel et le poivre noir. Remuer légèrement et porter à ébullition.
2. Régler le feu à faible intensité et laisser mijoter pendant 15 minutes, ou jusqu'à ce que la dinde soit bien cuite. Retirer la dinde de la casserole et la placer sur un plat de service.
3. 3Mélanger la fécule de maïs et le bouillon de poulet et remuer jusqu'à ce que le mélange soit homogène. Ajoutez le bouillon dans la casserole et portez à ébullition tout en remuant avec un fouet pour enlever les morceaux collés à votre casserole.
4. Faites cuire pendant 3 à 4 minutes, ou jusqu'à épaississement. Verser la sauce sur la dinde avant de servir.

Nutrition:

Calories: 300

Carbs: 15g

Graisse: 30g

Protéine: 3g.

10.   Pain de viande de dinde au fromage.

Temps de préparation : 25 minutes

Temps de cuisson : 0 minute

Portions : 6

Ingrédients:

- 1 un gros œuf, légèrement battu
- - 1 tasse de biscuits salés écrasés
- - 1 tasse de ketchup
- - 2 gousses d'ail, émincées
- - 1 cuillère à café de sel
- - 1 cuillère à café de poivre
- - 2 livres de dinde hachée
- - 2-1/2 tasses de fromage cheddar râpé, divisé
- - 1/2 tasse de fromage parmesan râpé.

Directions:

1. Pour fabriquer une bande de 18 x 9 pouces, pliez en deux une feuille carrée de papier d'aluminium résistant de 18 pouces de côté. Dans une mijoteuse de 5 ou 6 pintes, placer la bande au fond et sur les bords. Enduire la bande d'un enduit végétal.

2. Mélanger les 6 premiers ingrédients dans un grand saladier. Mélanger la dinde, 2 tasses de cheddar et le parmesan dans un bol léger mais minutieux (le mélange sera humide). Former la viande en un pain de 8x5 pouces et le placer au centre de la bande.
3. Faire cuire pendant 3 à 4 heures à feu doux, à couvert, ou jusqu'à ce qu'un thermomètre indique 165°. Pendant les 20 dernières minutes de cuisson, garnir avec la 1/2 tasse de cheddar restante.
4. Déposer le pain de viande dans un plat en utilisant les extrémités de la bande d'aluminium comme poignées. Laisser refroidir pendant 15 minutes.

Nutrition:

Calories 540

Graisse 31 g

Carbohydrate 21 g

Protéine 45 g.

Chapitre 3   Plats d'accompagnement

11.   Crème de maïs aux herbes.

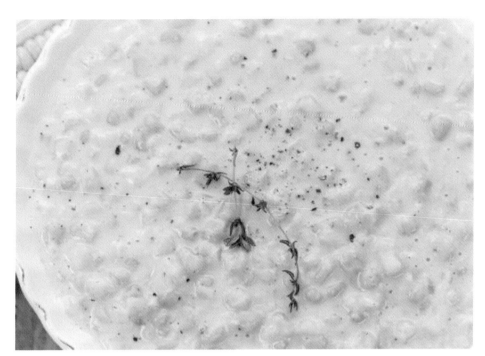

Temps de préparation : 10 minutes

Temps de cuisson : 35 minutes

Portions : 8

Ingrédients:

- 6 tasse de grains de maïs frais
- - ½ tasse de pancetta, hachée
- - ¼ tasse d'échalotes, hachées
- - 1 cuillère à soupe de farine
- - ½ tasse de bouillon de légumes ou de poulet
- - 1 tasse de crème épaisse
- - 1 cuillère à soupe de miel
- - 2 cuillères à café d'origan frais
- - 2 cuillères à café de thym frais
- - 2 cuillères à café de sauge fraîche
- - 1 cuillère à café de sel

- - 1 cuillère à café de poivre noir.

Directions:

1. Chauffer le four à 350°F/177°C. Ajouter la pancetta et les échalotes dans un four hollandais et faire cuire sur la cuisinière à feu moyen. Cuire jusqu'à ce que la pancetta soit croustillante, environ 5 à 7 minutes.
2. Ajouter la farine et remuer pendant la cuisson pendant 1 à 2 minutes supplémentaires. Ajouter le maïs et bien mélanger.
3. Mettre le bouillon de légumes ou de poulet, la crème épaisse, le miel, l'origan, le thym et la sauge. Remuez bien jusqu'à ce que le mélange soit homogène. Assaisonnez de sel et de poivre, si vous le souhaitez.
4. Continuer à cuire à feu moyen pendant 5 minutes ou jusqu'à ce que la sauce commence à épaissir.
5. Couvrir et mettre au four. Cuire pendant 20 minutes. Remuer avant de servir.

Nutrition:

Calories: 202

Carbs: 24g

Graisse: 12g

Protéine: 4g.

12.　Casserole de patates douces confites.

Temps de préparation : 10 minutes

Temps de cuisson : 50 minutes

Portions : 6-8

Ingrédients:

- 6 tasse de patates douces, pelées et coupées en cubes
- - ½ tasse de beurre, coupé en cubes
- - 1 ½ tasse de noix de pécan, hachées
- - 1 tasse de sucre blanc
- - 1 tasse de sucre brun
- - 1 cuillère à café de cannelle
- - 1 cuillère à café de noix de muscade
- - 1 cuillère à café de sel
- - 1 cuillère à café de poivre noir.

Directions:

1. Préchauffer le four à 375°F/177°C.

2. Mettre le beurre dans un faitout et le faire fondre à feu moyen. Ajouter les noix de pécan, le sucre blanc, le sucre brun, la cannelle et la muscade. Faire cuire en remuant fréquemment pendant 5 minutes, ou jusqu'à ce que les sucres soient dissous.

3. Ajouter les patates douces et assaisonner de sel et de poivre noir. Mélanger légèrement. Couvrir et mettre au four. Faire cuire pendant 45 minutes ou jusqu'à ce que les patates soient tendres.

4. Servir chaud directement dans le four hollandais ou dans un plat de service.

Nutrition:

Calories: 189

Carbs: 43g

Graisse: 1g

Protéine: 3g.

13.   Cipollini crémeux.

Temps de préparation : 10 minutes

Temps de cuisson : 15-20 minutes

Portions : 4-6

Ingrédients:

- 1-livre d'oignons cipollini, pelés et coupés en deux
- - 1 tasse de bulbe de fenouil tranché
- - 2 cuillères à soupe de beurre
- - ¼ tasse de vin blanc sec
- - 1 tasse de crème épaisse
- - 1 cuillère à café de graines de carvi écrasées
- - 1 cuillère à café de sel
- - 1 cuillère à café de poivre noir.

Directions:

1. Mettez le beurre dans une poêle en fonte et faites-le fondre à feu moyen. Ajouter les oignons cipollini et le fenouil tranché et faire sauter pendant 5 minutes.
2. 2.   Ajouter le vin et déglacer en remuant pendant environ 3 minutes. Ajouter la crème épaisse, le cumin écrasé, le sel et le poivre noir.
3. 3.   Cuire à nouveau pendant 3 minutes en remuant fréquemment. Couvrir et réduire le feu à doux. Laisser mijoter pendant 5 à 7 minutes. Servir immédiatement.

Nutrition:

Calories: 100

Carbs: 9g

Graisse: 0g

Protéine: 1g.

14. Empilage de patates douces et de fromage de chèvre.

Temps de préparation : 10 minutes

Temps de cuisson : 45 minutes

Portions : 12

Ingrédients:

- 6 tasse de patates douces, coupées en fines tranches
- - ¼ tasse d'huile de noix
- - 1 cuillère à soupe de miel
- - ½ tasse de noix de pécan, hachées
- - 1 cuillère à soupe de romarin frais
- - 1 cuillère à café de sel
- - 1 cuillère à café de poivre noir
- - ½ tasse de fromage de chèvre, émietté.

Directions:

1. Préchauffez le four à 375°F/177°C. Huiler légèrement 12 ramequins (des moules en silicone ou des moules à muffins peuvent également être utilisés).
2. Dans un bol, mélanger les patates douces, l'huile de noix, le miel, les noix de pécan, le romarin, le sel et le poivre noir.
3. Dans chaque ramequin, placer des tranches de patates douces et de noix de pécan, puis saupoudrer de fromage de chèvre jusqu'à ce que les patates atteignent le haut ou juste au-dessus du bord du ramequin.
4. Mettre au four et faire cuire pendant 40 à 45 minutes. Retirer et servir directement des ramequins ou transférer dans un plat de service et servir immédiatement.

Nutrition:

Calories: 145

Carbs: 0g

Graisse: 0g

Protéine: 0g.

15.   Casserole de pain de maïs.

Temps de préparation : 10 minutes

Temps de cuisson : 4 heures

Portions : 8

Ingrédients:

- 5 tasses de chapelure sèche de pain de maïs
- - 3 tasses de chapelure sèche assaisonnée
- - 4 tasses de bouillon de poulet
- - 1 ½ tasse de crème sure
- - 1 tasse d'oignon jaune, haché
- - 1 tasse de céleri, coupé en dés
- - 3 œufs, battus
- - 1 cuillère à soupe de sauge séchée
- - 1 cuillère à café d'estragon séché
- - 1 cuillère à café de sel
- - 1 cuillère à café de poivre noir
- - Echalotes, coupées en tranches pour la garniture.

Directions:

1. Dans une grande mijoteuse, mélanger les deux miettes de pain. Dans un bol, combiner le bouillon de poulet et la crème sure. Bien mélanger.
2. Ajouter la chapelure au liquide, l'oignon, le céleri, l'œuf, la sauge, l'estragon, le sel et le poivre noir. Mélangez bien, en vous assurant que toutes les miettes de pain sec sont incorporées au liquide.
3. Couvrir et faire cuire à feu doux pendant 4 heures. Transférer dans un plat de service, puis garnir d'oignons verts avant de servir.

Nutrition:

Calories: 137

Carbs: 17g

Graisse: 8g

Protéine: 8g.

16.   Farce à la sauce du moule Bundt Pan.

Temps de préparation : 10 minutes

Temps de cuisson : 50 minutes

Portions : 8

Ingrédients:

- 6 tasse de pain vieux d'un jour, coupé en cubes et séché
- - 1 tasse d'oignon jaune, haché
- - 3 gousses d'ail, écrasées et émincées
- - ½ tasse de pancetta, coupée en dés
- - 1 tasse de céleri haché
- - 4 œufs, battus
- - 3 tasses de bouillon de poulet
- - 1 cuillère à soupe de sauge séchée
- - 1 cuillère à café de sel
- - 1 cuillère à café de poivre noir.

Directions:

1. Chauffer le four à 400°F/204°C et huiler légèrement un moule à Bundt.
2. Ajouter la pancetta dans une grande poêle et la faire cuire à feu moyen jusqu'à ce qu'elle soit croustillante, environ 5 minutes. À l'aide d'une cuillère trouée, retirer la pancetta et la mettre de côté.
3. Ajouter l'oignon, l'ail et le céleri dans la poêle et faire sauter pendant 3 à 5 minutes, ou jusqu'à ce que les oignons soient tout juste translucides.
4. Dans un bol, mélanger les cubes de pain, la pancetta, le mélange d'oignons et de céleri, les œufs, le bouillon de poulet, la sauge, le sel et le poivre noir. Mélanger délicatement.
5. Transférer le mélange dans votre moule Bundt et appuyer doucement pour remplir le plus d'espace possible.
6. Mettez au four et faites cuire pendant 35 à 40 minutes. Retirez-le du four et laissez-le refroidir légèrement avant de le retourner sur un plat de service.

Nutrition:

Calories: 26

Carbs: 5g

Graisse: 0g

Protéine: 0g.

17. Farce aux pacanes et au riz sauvage.

Temps de préparation : 15 minutes

Temps de cuisson : 6 heures

Portions : 6-8

Ingrédients:

- 1 ½ tasses de riz sauvage
- - 2 ½ tasses de bouillon de poulet
- - 2 cuillères à soupe d'huile d'olive
- - 1 tasse de céleri, coupé en dés
- - 1 tasse de carottes coupées en dés
- - 1 tasse d'oignon rouge, coupé en dés
- - 2 gousses d'ail, écrasées et émincées
- - 1 tasse de noix de pécan, hachées
- - 1 tasse de canneberges fraîches
- - 1 feuille de laurier
- - 2 cuillères à café de sauge séchée
- - 2 cuillères à café d'estragon
- - ½ cuillère à café de cannelle
- - 1 cuillère à café de sel
- - 1 cuillère à café de poivre noir.

Directions:

1. Ajoutez l'huile d'olive dans une sauteuse et faites-la chauffer à feu moyen. Ajouter le céleri, les carottes, l'oignon et l'ail. Faire sauter pendant 3 à 5 minutes. Dans une grande mijoteuse, mélanger le riz sauvage et le bouillon de poulet.
2. Ajouter les légumes sautés, les noix de pécan, les canneberges et la feuille de laurier. Assaisonner avec la sauge, l'estragon, la cannelle, le sel et le poivre noir. Bien mélanger.
3. Couvrir et cuire à feu doux pendant 6 heures, en ajoutant du bouillon de poulet si nécessaire.

Nutrition:

Calories: 148

Carbs: 18g

Graisse: 7g

Protéine: 5g.

18.   Purée de pommes de terre doublement chargée.

Temps de préparation : 10 minutes

Temps de cuisson : 20 minutes

Portions : 8

Ingrédients:

- 8 tasses de petites pommes de terre rouges, coupées en quatre (sans la peau, sauf préférence contraire)
- - 1 cuillère à café de sel
- - ½ tasse de beurre
- - 1 tasse de crème aigre
- - ½ tasse de bouillon de poulet chaud
- - 1 tasse de fromage cheddar blanc du Vermont, coupé en petits cubes
- - ½ tasse de fromage asiago, râpé
- - 1 tasse de prosciutto croustillant, émietté
- - ½ tasse d'oignons verts, tranchés
- - 1 cuillère à café de poivre noir
- - 1 cuillère à café d'origan.

Directions:

1. Mettez les pommes de terre dans votre grande marmite et ajoutez suffisamment d'eau pour les couvrir. Ajoutez du sel et portez à ébullition. Faites bouillir pendant 3 à 5 minutes avant de réduire le feu à doux.
2. Laissez mijoter 10 minutes de plus, ou jusqu'à ce que les pommes de terre soient tendres.
3. Égoutter les pommes de terre et les remettre immédiatement dans la marmite. Ajouter le beurre, la crème sure et le bouillon de poulet. À l'aide d'un pilon à pommes de terre ou d'un mélangeur à immersion, mélanger jusqu'à l'obtention de la texture désirée.

4. Ajouter le cheddar blanc du Vermont, l'asiago, le prosciutto, les oignons verts, le poivre noir et l'origan. Bien mélanger. Déposer dans un plat de service, puis servir immédiatement.

Nutrition:

Calories: 160

Carbs: 22g

Graisse: 7g

Protéine: 4g.

19.   Quinoa aux canneberges et aux zestes d'orange.

Temps de préparation : 10 minutes

Temps de cuisson : 15 minutes

Portions : 6

Ingrédients:

- 1 tasse de quinoa, rincé
- - 2 tasses de bouillon de poulet
- - 2 cuillères à soupe d'huile d'olive
- - 2 tasses d'épinards hachés
- - 2 tasses de canneberges fraîches, hachées
- - 1 tasse d'oignon rouge, coupé en dés
- - 2 cuillères à café de miel
- - 1 cuillère à soupe de vinaigre de cidre de pomme
- - 2 tasses de quartiers d'orange, coupés en petits morceaux
- - 1 cuillère à soupe de zeste d'orange
- - ¼ tasse de menthe fraîche, hachée.

Directions:

1. Ajouter le bouillon de poulet dans une casserole et porter à ébullition. Ajouter le quinoa, réduire le feu à doux, couvrir et laisser cuire jusqu'à ce que l'humidité soit absorbée, environ 15 minutes.
2. Pendant ce temps, dans une sauteuse, faire chauffer l'huile d'olive à feu moyen. Ajouter les épinards, les canneberges et l'oignon et faire cuire pendant environ 5 minutes.
3. Ajouter le miel et le vinaigre de cidre de pomme. Faire cuire pendant 5 à 7 minutes supplémentaires ou jusqu'à ce que les canneberges soient légèrement tendres. Retirer du feu.
4. Ajouter les morceaux d'orange, le zeste d'orange et la menthe fraîche. Mélanger avec le quinoa cuit. Servir immédiatement.

Nutrition:

Calories: 120

Carbs: 18g

Graisse: 4g

Protéine: 4g.

20.   Carottes au sucre brun.

Temps de préparation : 5 minutes

Temps de cuisson : 15 minutes

Portions : 6

Ingrédients:

- 2 livres de carottes miniatures
- - 1 cuillère à café de sel
- - ¼ tasse de beurre
- - 2 gousses d'ail, écrasées et émincées
- - ½ tasse de sucre brun
- - ¼ de jus de pomme
- - ¼ de tasse de jus d'orange
- - ½ cuillère à café de cannelle
- - 1 cuillère à soupe de romarin frais
- - ¼ tasse de persil frais haché
- - 1 cuillère à café de poivre noir.

Directions:

1. Mettez une grande casserole d'eau sur votre cuisinière et ajoutez le sel. Portez à ébullition.
2. Ajouter les carottes et faire bouillir jusqu'à ce qu'elles soient légèrement tendres, environ 3 à 4 minutes. Retirer du feu, égoutter et mettre de côté.
3. Dans une grande sauteuse, faire fondre le beurre à feu moyen. Ajouter l'ail et le faire sauter pendant 1 minute.
4. Ajouter la cassonade, le jus de pomme et le jus d'orange. Mettez les carottes dans la poêle, puis assaisonnez avec la cannelle, le romarin, le persil et le poivre noir.
5. Faites cuire pendant 5 minutes supplémentaires, en remuant fréquemment. Laissez refroidir légèrement avant de servir.

Nutrition:

Calories: 110

Carbs: 16g

Graisse: 4g

Protéine: 1g.

Chapitre 4   Soupe chaude et ragoûts.

21.   Soupe à la dinde et au riz sauvage.

Temps de préparation : 20 minutes

Temps de cuisson : 2 heures et 5 minutes

Portions : 6

Ingrédients:

- 2 cuisses de dinde fumées
- - 1 tasse de carottes miniatures, coupées en tranches
- - 1 oignon, haché
- - 2 tasses de branches de céleri, hachées
- - 2 gousses d'ail, émincées
- - 2 feuilles de laurier
- - 1 cuillère à café de marjolaine séchée, écrasée
- - 1 cuillère à café de thym séché, écrasé
- - 1 cuillère à soupe d'oignon en poudre
- - 1 cuillère à soupe de poudre d'ail
- - 2 cuillères à café de poivre noir moulu

- - 1 cuillère à café de curry en poudre
- - 4 cubes de bouillon de poulet
- - 8 tasses d'eau
- - 1 tasse de riz sauvage non cuit
- - 4 tasses de moitié-moitié.

Directions:

1. Dans une grande casserole, ajoutez tous les ingrédients, à l'exception du riz et de la moitié d'un demi-mélange, à feu vif et portez à ébullition. Ajustez ensuite le feu à faible intensité et laissez mijoter pendant environ 30 minutes.
2. 2.   Incorporer le riz et laisser mijoter pendant environ 1 heure. Transférer les cuisses de dinde dans un grand bol et les laisser refroidir.
3. 3.   Retirer la viande des os et la hacher. Incorporer la moitié de la moitié et la viande de dinde et laisser mijoter pendant environ 30 minutes.

Nutrition:

Calories 498

Graisse 24.3 g

Carbs 33.4 g

Protéine 37 g.

22. Soupe au bacon et aux tortellinis.

Temps de préparation : 15 minutes

Temps de cuisson : 30 minutes

Portions : 8

Ingrédients:

- 2 cuillères à soupe d'huile d'olive
- - 2 onces de bacon, finement haché
- - 1 oignon moyen, finement haché
- - 3 gousses d'ail, émincées
- - 1 boîte (49½ onces) de bouillon de poulet
- - 2 cuillères à café d'assaisonnement italien
- - 1 paquet de 9 oz de tortellini au fromage réfrigérés
- - 1 boîte de 28 onces de tomates broyées avec leur jus
- - 8 onces d'épinards frais, hachés
- - Sel et poivre noir moulu, au besoin
- - 1 tasse de fromage parmesan, râpé.

Directions:

1. Faites chauffer l'huile dans un grand faitout à feu moyen et faites cuire le bacon pendant environ 8 à 10 minutes ou jusqu'à ce qu'il soit croustillant. Ajouter l'oignon et faire cuire pendant environ 3-4 minutes, en remuant continuellement.
2. Ajouter l'ail et cuire pendant environ 1 minute, en remuant continuellement. Ajouter le bouillon et l'assaisonnement italien et porter à ébullition - Cuire pendant environ 5 minutes.
3. Pendant ce temps, faire cuire les tortellini selon les instructions de l'emballage. Égoutter les tortellini. Ajouter les tortellini cuits et les tomates dans le mélange de soupe et faire cuire pendant environ 5 minutes.
4. Ajouter les épinards et faire cuire pendant environ 3 à 5 minutes. Assaisonner avec du sel et du poivre noir et servir chaud en garnissant de parmesan.

Nutrition:

Calories 294

Graisse 12.6 g

Carbs 524.8 g

Protéine 17.2g.

23.   Soupe à l'oignon.

Temps de préparation : 15 minutes

Temps de cuisson : 50 minutes

Portions : 4

Ingrédients:

- 4 cuillères à soupe de beurre
- - 3 gros oignons blancs, finement émincés
- - 2 cuillères à soupe de farine tout usage
- - ½ tasse de vin blanc
- - Sel et poivre noir moulu, selon les besoins
- - 8 brins de thym frais
- - 2 tasses de bouillon de poulet à faible teneur en sodium
- - 4 tasses de bouillon de bœuf à faible teneur en sodium
- - 4 tranches de baguette
- - ½ tasse de fromage gruyère, râpé.

Directions:

1. Faire fondre le beurre dans une grande casserole à feu moyen-élevé et faire cuire les oignons pendant environ 25 minutes, en remuant de temps en temps. Ajouter la farine et remuer immédiatement pour combiner le tout.
2. Faire cuire pendant environ 1 minute, en remuant continuellement. Incorporer le vin, le sel et le poivre noir et laisser mijoter pendant 2 à 3 minutes. Ajouter les branches de thym, les bouillons de poulet et de bœuf et porter à ébullition. .
3. Ajustez maintenant le feu à moyen et laissez mijoter pendant environ 15 minutes - Préchauffez le gril du four à haute température.
4. Retirer la casserole de soupe du feu et jeter les branches de thym. Placer les tranches de baguette sur une plaque à pâtisserie de grande taille et recouvrir chaque morceau de 2 cuillères à soupe de fromage.
5. Transférer la plaque dans le four et faire griller pendant environ 1 minute ou jusqu'à ce que le fromage bouillonne et soit doré. Transférer la soupe dans des bols et servir avec la garniture de tranches.

Nutrition:

Calories 319

Graisse 19 g

Carbs 21.5 g

Protéine 10.1 g.

24.   Soupe crémeuse au potiron.

Temps de préparation : 15 minutes

Temps de cuisson : 50 minutes

Portions : 4

Ingrédients:

- 2 petites citrouilles à sucre, coupées en deux et épépinées
- - 3 tasses de bouillon de poulet
- - ¾ tasse de crème épaisse à fouetter
- - ¼ tasse de crème sure
- - ½ cuillère à café de sauge moulue, écrasée
- - ¼ cuillère à café de noix de muscade moulue
- - 1½ cuillère à café de sel.

Directions:

1. Préchauffez votre four à 400°F. Graisser une plaque à pâtisserie. Placez les citrouilles sur la plaque préparée, côté coupé vers le bas - faites-les rôtir pendant environ 45 minutes.
2. Retirez les citrouilles du four et laissez-les refroidir complètement. Après le refroidissement, grattez la chair des citrouilles.
3. Dans un robot culinaire, ajouter la chair de citrouille et le bouillon et pulser jusqu'à ce que la soupe soit lisse. Transférer la soupe en purée dans une casserole de grande taille.
4. Placer la casserole sur un feu moyen et porter à un léger frémissement. Incorporer ensuite la crème fouettée, la sauge, la muscade et le sel jusqu'à ce que le tout soit bien mélangé.
5. Transférer la soupe dans des bols de service. Garnir de crème aigre et servir chaud.

Nutrition:

Calories 215

Graisse 13.1 g

Carbs 20.4 g

Protéine 7.1 g.

Chapitre 5   Plats à base de pommes de terre.

25.   Soupe de pommes de terre au four.

Temps de préparation : 25 minutes

Temps de cuisson : 9 heures

Portions : 8-10

Ingrédients:

- 5 lbs. de pommes de terre russet, lavées et coupées en dés
- - 1 oignon jaune, coupé en dés
- - 5 gousses d'ail, émincées
- - 2 litres de bouillon de poulet
- - 2 blocs de fromage à la crème de 8 oz
- - 1 c. à thé de sel
- - 1 cuillère à café de bacon
- - bacon émietté
- - fromage râpé
- - oignon vert haché.

Directions:

1. Ajouter les pommes de terre, l'oignon, l'ail, le bouillon de poulet et le sel dans une mijoteuse. Faire cuire à température élevée pendant 6 à 7 heures. Coupez le fromage à la crème en cubes, faites-le ramollir et ajoutez-le à la mijoteuse.
2. À l'aide d'un pilon à pommes de terre, écraser les pommes de terre et le fromage à la crème. Remuez bien et faites cuire à feu doux pendant 2 heures de plus. Garnir de bacon, de fromage et d'oignon vert avant de servir.

Nutrition:

Calories: 370

Carbs: 22g

Graisse: 26g

Protéine: 9g.

26.   Purée de pommes de terre à la feta.

Temps de préparation : 15 minutes

Temps de cuisson : 15 minutes

Portions : 10

Ingrédients:

- 3 lbs. de pommes de terre russet
- - 2/3 tasse de babeurre
- - 6 cuillères à soupe de beurre
- - 4 oz de fromage feta émietté
- - 1/4 de tasse de ciboulette
- - Sel et poivre, au goût.

Directions:

1. Épluchez et coupez grossièrement les pommes de terre. Portez une grande casserole d'eau salée à ébullition et faites cuire les pommes de terre pendant 10 minutes ou jusqu'à ce qu'elles soient tendres.
2. Pendant que les pommes de terre bouillent, faites chauffer le babeurre et le beurre dans une petite casserole à feu moyen jusqu'à ce que le beurre ait fondu, mais ne le laissez pas bouillir.
3. Égoutter les pommes de terre, les remettre dans la casserole et les laisser à feu doux pendant quelques minutes. Écraser les pommes de terre à l'aide d'un pilon à pommes de terre, puis incorporer le mélange de babeurre.
4. Incorporer la feta émiettée et la ciboulette - saler et poivrer. Servez.

Nutrition:

Calories: 187

Carbs: 16g

Graisse: 11g

Protéine: 7g.

27.   Pommes de terre écrasées aux quatre fromages.

Temps de préparation : 5 minutes

Temps de cuisson : 0 minute

Portions : 8

Ingrédients:

- 10 pommes de terre russet
- - 4 cuillères à soupe de beurre, à température ambiante
- - 8 oz de fromage à la crème, à température ambiante, coupé en cubes
- - 8 oz de mélange de fromage triple cheddar râpé (cheddar blanc, fort et doux)
- - 1/2 tasse de moitié-moitié
- - Sel et poivre, au goût.

Directions:

1. Nettoyez les pommes de terre et coupez-les grossièrement. Portez une grande casserole d'eau salée à ébullition et faites cuire les pommes de terre jusqu'à ce qu'elles soient tendres. Égoutter les pommes de terre et les remettre dans la casserole.
2. Ajoutez le beurre, le fromage frais en cubes, le fromage râpé, la moitié et la moitié, le sel et le poivre. Réduire en purée à l'aide d'un pilon à pommes de terre. Servir chaud.

Nutrition:

Calories: 187

Carbs: 16g

Graisse: 11g

Protéine: 7g.

28.   Purée de pommes de terre au beurre bruni à l'ail.

Temps de préparation : 5 minutes

Temps de cuisson : 0 minute

Portions : 8

Ingrédients:

- 10 pommes de terre russet
- - 1 tasse de beurre
- - 4 gousses d'ail, hachées
- - 1 tasse de lait.

Directions:

1. Épluchez et coupez grossièrement les pommes de terre. Portez une grande casserole d'eau salée à ébullition et faites cuire les pommes de terre jusqu'à ce qu'elles soient tendres.
2. Faire chauffer le beurre dans une petite casserole à feu moyen. Lorsque le beurre commence à bouillonner, ajoutez l'ail. Tournez le feu à faible intensité et remuez jusqu'à ce que le beurre commence à brunir, puis retirez la casserole du feu.
3. Égoutter les pommes de terre et les remettre dans la grande casserole. Versez le beurre à l'ail sur les pommes de terre et écrasez-les avec un pilon à pommes de terre. Ajoutez du lait pour obtenir la consistance souhaitée.

Nutrition:

Calories: 208

Carbs: 37g

Graisse: 5g

Protéine: 3g.

Chapitre 6   Tartes de Thanksgiving.

29.   Tarte au potiron au beurre de pomme d'automne.

Temps de préparation : 15 minutes

Temps de cuisson : 50 minutes

Portions : 8

Ingrédients:

- 1 tasse de beurre de pomme
- - 1 tasse de citrouille en conserve
- - 1/2 tasse de sucre brun tassé
- - 3/4 de cuillère à café de cannelle moulue
- - 3/4 c. à thé de noix de muscade moulue
- - 1/2 cuillère à café de sel
- - 1/4 cuillère à café de gingembre moulu
- - 3 œufs, légèrement battus
- - 3/4 de tasse de lait évaporé
- - 1 pâte à tarte non cuite (9 pouces)
- - Pâte à tarte supplémentaire, facultatif

- - Crème fouettée, facultatif.

Directions:

1. Mélanger le gingembre, le sel, la muscade, la cannelle, la cassonade, le potiron et le beurre de pomme dans un grand bol. Ajouter les œufs. Incorporer lentement le lait en fouettant jusqu'à ce que le mélange soit homogène. Ajouter à la pâte à tarte.

2. Faire cuire au four à 425° jusqu'à ce que la pâte soit prise, environ 35 à 40 minutes (pour éviter qu'elle ne brunisse trop, utiliser du papier d'aluminium pour couvrir partiellement les bords). Laisser reposer sur une grille pour refroidir.

3. Si vous voulez faire des découpes pour la garniture, roulez plus de pâte jusqu'à ce qu'elle ait une épaisseur de 1/8 pouce ; utilisez des emporte-pièces en forme de feuille de 1-1 1/2 pouce pour découper. Si vous le souhaitez, sculptez les nervures des feuilles sur les découpes à l'aide d'un couteau aiguisé.

4. Déposer sur une plaque à biscuits non huilée. Faire cuire à 400° jusqu'à ce qu'ils deviennent dorés, environ 6-8 minutes.

5. Transférer sur une grille pour refroidir. Disposer autour du bord de la tarte. Utilisez la crème fouettée pour garnir si vous le souhaitez. Réfrigérer les restes.

Nutrition:

Calories: 303

Carbohydrate: 47 g

Graisse: 11 g

Protéine: 6 g.

30.   Tarte au potiron au caramel.

Temps de préparation : 30 minutes

Temps de cuisson : 10 minutes

Portions : 8

Ingrédients:

- 1 tasse de miettes de biscuits Graham
- - 1/4 tasse de beurre, fondu.

Remplissage:

- 1 tasse de lait sans graisses
- - 1 paquet (1 oz) de mélange de pouding instantané au caramel sans sucre
- - 1 tasse de citrouille en conserve
- - 1 cuillère à café de cannelle moulue
- - 1/2 cuillère à café de noix de muscade moulue.

Nappage:

- 1 tasse de nappage fouetté à teneur réduite en graisses
- - 1 cuillère à café d'extrait de vanille.

Directions:

1. Mélanger le beurre et les miettes de biscuits dans un petit bol ; mettre sur le fond d'une assiette à tarte de 9 pouces. Laisser cuire pendant 10 minutes à 350F ; laisser refroidir.
2. Pour la garniture, battre le mélange de pouding et le lait dans un petit bol pendant 2 minutes ; le mélange sera épais. Incorporer la muscade, la cannelle et la citrouille jusqu'à ce que tout soit incorporé.
3. Déposer dans la croûte. Réfrigérer pendant au moins 2 heures. Mélanger les ingrédients de la garniture ; servir avec la tarte.

Nutrition:

Calories: 148

Carbohydrate: 17 g

Graisse: 9 g

Protéine: 3 g.

31.   Tartes aux patates douces confites.

Temps de préparation : 1 heure et 25 minutes

Temps de cuisson : 42 minutes

Portions : 14 tartes

Ingrédients:

- 6 tasses de farine tout usage
- - 2 cuillères à café de sel
- - 2 tasses de shortening
- - 2/3 tasse d'eau
- - 2 gros œufs
- - 2 cuillères à soupe de vinaigre blanc
- - 1 grosse patate douce, épluchée et coupée en cubes de 1 pouce.
- - 3/4 de tasse de sucre.
- - 1/4 de tasse de beurre en cubes
- - 1-1/2 c. à thé de jus de citron
- - 1/2 cuillère à café de sel
- - 1/4 cuillère à café d'extrait de vanille
- - Huile pour la friture de la graisse
- - Sucre de confiserie.

Directions:

1. Mélanger le sel et la farine dans un grand bol ; incorporer le shortening jusqu'à ce qu'il soit friable. Mélanger le vinaigre, les œufs et l'eau ; ajouter lentement aux ingrédients secs, en utilisant une fourchette pour mélanger jusqu'à ce qu'une boule se forme.
2. Envelopper de plastique. Conserver au réfrigérateur jusqu'à ce que la pâte soit facile à manipuler, environ 1 à 1-1/2 heure.
3. Entre-temps, mettre la patate douce dans une petite casserole ; verser de l'eau pour la couvrir. Porter à ébullition. Baisser le feu ; couvrir et cuire jusqu'à ce qu'elles soient tendres, environ 10 à 15 minutes. Égoutter.
4. Dans une grande poêle, mélanger les patates, le beurre et le sucre ; cuire en remuant jusqu'à ce que le sirop soit doré, environ 15 à 20 minutes.

5. Retirer du feu et réduire en purée. Incorporer la vanille, le sel et le jus de citron et laisser refroidir à température ambiante.

6. Abaisser la pâte à une épaisseur de 1/4 po. Utiliser un emporte-pièce rond fariné de 5-1/2 pouces pour découper. Déposer 2 c. à soupe de garniture sur la moitié de chaque cercle.

7. Humecter les bords avec de l'eau ; replier la pâte sur la garniture et utiliser une fourchette pour presser les bords afin de les sceller.

8. Chauffer l'huile dans une friteuse ou une poêle électrique à 375°F. Faire frire les tartes par lots jusqu'à ce qu'elles soient dorées, environ 6-7 minutes, en les retournant une fois. Égoutter les tartes sur du papier absorbant et saupoudrer de sucre glace.

Nutrition:

Calories: 650

Carbohydrate: 55 g

Graisse: 44 g

Protéine: 7 g.

32.   Tarte aux dattes et aux noix de pécan.

Temps de préparation : 5 minutes

Temps de cuisson : 53 minutes

Portions : 6-8

Ingrédients:

- Pâte pour une tarte à croûte simple (9 pouces)
- - 1/2 tasse de beurre, coupé en cubes
- - 1 tasse de sucre
- - 2-1/2 c. à café de vinaigre
- - 1 cuillère à café de cannelle moulue
- - 1/2 cuillère à café de noix de muscade moulue
- - 4 œufs, légèrement battus
- - 1 tasse de dattes finement hachées
- - 1/2 tasse de noix de pécan hachées
- - 1 tasse de crème fraîche épaisse, fouettée.

Directions:

1. Étendre la pâte sur une assiette à tarte de 9 pouces ; couper et canneler les bords. Recouvrir l'abaisse de pâte d'une double épaisseur de papier d'aluminium résistant.
2. Cuire au four à 450°F pendant 8 minutes. Retirer le papier d'aluminium et poursuivre la cuisson pendant 5 minutes. Laisser refroidir sur une grille.
3. Faire fondre le beurre dans une petite casserole, retirer du feu et incorporer la muscade, la cannelle, le vinaigre et le sucre. Incorporer les pacanes, les dattes et les œufs. Mettre dans la croûte.
4. Laisser cuire au four à 375° pendant 35 à 40 minutes ou jusqu'à ce que le gâteau soit pris. Laisser refroidir sur une grille. Servir avec de la crème fouettée. Réfrigérer le reste.

Nutrition:

Calories: 321

Carbs: 56g

Graisse: 10g

Protéine: 5g.

33.   Tarte aux raisins secs crémeuse à double croûte.

Temps de préparation : 30 minutes.

Temps de cuisson : 52 minutes

Portions : 6-8

Ingrédients:

- 2 tasses de farine tout usage
- - 3/4 cuillère à café de sel
- - 3/4 de tasse de shortening à saveur de beurre
- - 1/4 tasse d'eau froide.

Remplissage:

- 1-1/2 tasses d'eau
- - 1 tasse de raisins secs
- - 3/4 de tasse de sucre
- - 3 cuillères à soupe de fécule de maïs
- - 1/4 cuillère à café de sel
- - 1-1/2 tasse de crème épaisse à fouetter
- - 1 cuillère à café d'extrait de vanille.

Directions:

1. Mélangez le sel et la farine dans un bol, puis incorporez le shortening jusqu'à ce que le mélange soit friable. Incorporer lentement l'eau tout en utilisant une fourchette pour remuer le mélange jusqu'à ce qu'il forme une boule.
2. Diviser la pâte en deux portions égales. Abaisser une portion de pâte pour qu'elle rentre dans une assiette à tarte de 9 pouces, puis mettre la pâte dans l'assiette à tarte, puis couper à égalité avec le bord de l'assiette.
3. Dans une grande casserole, porter les raisins secs et l'eau à ébullition. Baisser le feu, puis laisser mijoter sans couvercle pendant 10 minutes.
4. Mélanger le sel, la fécule de maïs et le sucre dans un petit bol, puis incorporer la crème jusqu'à ce que le mélange soit lisse. Incorporer au mélange de raisins secs, puis porter à ébullition.

5. Faire cuire en remuant jusqu'à épaississement, 2 minutes. Retirer et incorporer la vanille. Verser le mélange de raisins secs dans le fond de tarte.

6. Abaisser le reste de la pâte pour qu'elle s'adapte au dessus de la tarte. Mettre sur la garniture, puis couper, sceller et canneler les bords. Faire des fentes sur le dessus de la pâte.

7. Faire cuire au four à 350 F jusqu'à ce que la croûte devienne dorée, de 35 à 40 minutes. Laisser refroidir complètement sur une grille et placer au réfrigérateur pour la conservation.

Nutrition:

Calories: 572

Carbohydrate: 61 g

Graisse: 35 g

Protéine: 5 g.

34.   Tarte au lait de poule et aux canneberges.

Temps de préparation : 40 minutes

Temps de cuisson : 15 minutes

Portions : 8

Ingrédients:

- 1/2 tasses de sucre
- - 1 cuillère à soupe de fécule de maïs
- - 6 cuillères à soupe d'eau froide, divisées
- - 2 tasses de canneberges fraîches ou congelées
- - 1 abaisse de pâte (9 pouces), cuite au four
- - 1 c. à soupe de gélatine non aromatisée
- - 1-3/4 tasses de lait de poule
- - 2 cuillères à soupe de rhum ou 1 cuillère à café d'extrait de rhum
- - 1/2 tasse de crème fraîche épaisse, fouettée
- - 1/8 cuillère à café de noix de muscade moulue.

Directions:

1. Mélangez 2 cuillères à soupe d'eau, la fécule de maïs et le sucre dans une grande casserole jusqu'à obtenir un mélange homogène, puis incorporez les canneberges.
2. Faire cuire à feu modéré jusqu'à épaississement en remuant parfois, pendant 5 minutes. Laisser refroidir pendant 15 minutes, puis transférer dans une abaisse de pâte et mettre de côté.
3. Saupoudrer la gélatine sur l'eau restante dans une petite casserole, en la laissant reposer pendant 5 minutes. Cuire et remuer à feu doux ; remuer jusqu'à ce que la gélatine soit bien dissoute. Incorporer progressivement le rhum et le lait de poule.
4. Refroidir jusqu'à ce que le mélange épaississe un peu, en remuant parfois, pendant 5 minutes. Incorporer la crème fouettée et verser sur la couche de canneberges. Refroidir jusqu'à ce que le tout soit pris, 2 heures, puis saupoudrer de muscade sur le dessus.

Nutrition:

Calories: 296

Carbohydrate: 37 g

Graisse: 14 g

Protéine: 4 g.

35. Tarte à la mousseline de potiron moelleuse.

Temps de préparation : 15 minutes

Temps de cuisson : 10 minutes

Portions : 6-8

Ingrédients:

- 1 enveloppe de gélatine non aromatisée
- - 1/2 tasse d'eau froide
- - 3/4 de tasse de lait
- - 1 tasse de sucre brun tassé
- - 1 tasse de citrouille en conserve
- - 1/2 cuillère à café de gingembre moulu
- - 1/2 cuillère à café de cannelle moulue
- - 1/4 cuillère à café de sel
- - 1-1/2 tasse de garniture fouettée
- - 1 croûte de biscuits Graham (9 pouces).

Directions:

1. Dans un petit bol, disperser la gélatine sur de l'eau froide ; laisser reposer pendant une minute. Faire chauffer le lait à feu moyen dans une casserole jusqu'à ce que des bulles se forment autour des parois de la casserole.
2. 2. Mettre le mélange de gélatine ; mélanger jusqu'à ce qu'il soit dissous. Incorporer la cassonade jusqu'à ce qu'elle soit dissoute. Retirer du feu. Mettre le sel, la cannelle, le gingembre et la citrouille ; bien mélanger. Refroidir pendant 1 à 1/2 heure jusqu'à épaississement.
3. 3. Incorporer la garniture fouettée au mélange de citrouille. Mettre dans la croûte. Réfrigérer pendant au moins 4 heures jusqu'à ce qu'elle soit ferme. Réfrigérer le reste.

Nutrition:

Calories: 274

Carbohydrate: 47 g

Graisse: 8 g

Protéine: 3 g.

36. Tarte aux fruits.

Temps de préparation : 15 minutes

Temps de cuisson : 50-55 minutes

Portions : 6-8

Ingrédients:

- 1 tasse de canneberges séchées
- - 1-1/2 tasse d'eau bouillante
- - 2 pommes acidulées moyennes, pelées et tranchées
- - 1 pêche moyenne, pelée et tranchée, ou 1 tasse de pêches tranchées non sucrées congelées
- - 1 poire mûre de taille moyenne, pelée et tranchée
- - 1 cuillère à soupe de jus de citron
- - 1/2 tasse de sucre
- - 1/2 tasse de sucre brun tassé
- - 1 cuillère à café d'épices pour tarte aux pommes
- - 1/2 cuillère à café d'extrait de vanille
- - 3 cuillères à soupe de tapioca à cuisson rapide
- - 1 paquet (15 oz.) de pâte à tarte réfrigérée
- - 2 cuillères à soupe de beurre, fondu.

Directions:

1. Dans un grand bol, placez les canneberges et couvrez-les d'eau bouillante, puis laissez reposer pendant 5 minutes. Egouttez bien les canneberges et mettez-les de côté.
2. Dans un grand bol, mélanger les poires, les pêches et les pommes avec le jus de citron, puis incorporer la vanille, les épices à tarte aux pommes et les sucres. Ajouter le tapioca et laisser reposer le mélange pendant 15 minutes, puis incorporer les canneberges.
3. Déposer une feuille de pâte dans une assiette à tarte profonde de 9 pouces, en l'ajustant au bord de l'assiette. Ajouter la garniture. Dérouler la deuxième feuille de pâte et découper des fentes dans la pâte.

4. Placer la pâte sur la garniture, la sceller et canneler les bords, puis badigeonner de beurre. Faites cuire au four à 375 F jusqu'à ce que la garniture fasse des bulles et que la croûte devienne dorée, environ 50-55 minutes. Laisser refroidir la tarte sur une grille.

Nutrition:

Calories: 457

Carbohydrate: 77 g

Graisse: 17 g

Protéine: 2 g.

37.   Tarte au potiron au gingembre avec streusel.

Temps de préparation : 30 minutes

Temps de cuisson : 60 minutes

Portions : 8

Ingrédients:

- Pâte pour une tarte à croûte simple (9 pouces)
- - 1 boîte (15 oz.) de citrouille en emballage solide
- - 1 tasse de lait évaporé
- - 2 œufs, légèrement battus
- - 1/2 tasse de sucre brun tassé
- - 2 cuillères à café de racine de gingembre frais râpée
- - 1 cuillère à café d'épices pour tarte à la citrouille
- - 1/4 cuillère à café de sel.

streusel au gingembre:

- 1/2 tasse de biscuits au gingembre écrasés
- - 1/4 de tasse de noix de pécan hachées

- - 2 cuillères à soupe de farine tout usage
- - 2 cuillères à soupe de sucre brun
- - 2 c. à soupe de beurre ramolli.

Directions:

1. Abaisser la pâte pour qu'elle convienne à une assiette à tarte de 9 pouces. Mettre la pâte sur l'assiette à tarte. Couper la pâte à un pouce du bord extérieur de l'assiette ; sertir les bords. Déposer l'assiette sur une plaque à pâtisserie.
2. Dans un grand bol, mélanger le sel, les épices à tarte, le gingembre, la cassonade, les œufs, le lait et le potiron. Mettre dans la croûte.
3. Couvrir les bords sans serrer avec du papier d'aluminium. Laisser cuire au four à 425°F pendant 15 minutes. Baisser le feu à 350° ; laisser cuire pendant 15 minutes.
4. Pendant ce temps, mélanger la cassonade, la farine, les pacanes et les miettes de biscuits dans un petit bol. Incorporer le beurre jusqu'à obtenir des miettes grossières.
5. Saupoudrer sur le dessus de la tarte. Laissez cuire pendant 35 à 45 minutes de plus jusqu'à ce qu'un couteau inséré au milieu en ressorte propre. Laisser refroidir complètement sur une grille. Conserver au réfrigérateur.

Nutrition:

Calories: 356

Carbohydrate: 46 g

Graisse: 17 g

Protéine: 7 g.

38.   Tarte au miel et aux noix de pécan.

Temps de préparation : 25 minutes

Temps de cuisson : 50 minutes

Portions : 8

Ingrédients:

- 4 gros œufs
- - 1 tasse de noix de pécan hachées
- - 1 tasse de sirop de maïs léger
- - 1/4 de tasse de sucre
- - 1/4 de tasse de sucre brun tassé
- - 2 cuillères à soupe de beurre fondu
- - 1 cuillère à café d'extrait de vanille
- - 1/2 cuillère à café de sel
- - 1 pâte à tarte non cuite (9 pouces).

Nappage:

- 3 cuillères à soupe de beurre
- - 1/3 de tasse de sucre brun tassé
- - 3 c. à soupe de miel
- - 1-1/2 tasse de moitiés de pacanes.

Directions:

1. Mélangez le sel, la vanille, le beurre, les sucres, le sirop de maïs, les noix de pécan et les œufs dans un grand bol. Mettre dans le moule à pâtisserie. Laisser cuire au four à 350°f pendant une demi-heure.
2. Faire fondre le beurre dans une petite casserole à feu moyen. Incorporer le miel et la cassonade jusqu'à ce que le mélange soit homogène. Incorporer les moitiés de pacanes jusqu'à ce qu'elles soient enrobées. Déposer à la cuillère sur le dessus de la tarte.
3. Laisser cuire de 15 à 20 minutes de plus ou jusqu'à ce qu'un couteau inséré au centre en ressorte propre. Laisser refroidir complètement sur une grille et réfrigérer le reste de la tarte.

Nutrition:

Calories: 688

Carbohydrate: 78 g

Graisse: 42 g

Protéine: 7 g.

Chapitre 7   Desserts

39.   Biscuits à la meringue.

Temps de préparation : 15 minutes

Temps de cuisson : 1 heure et 25 minutes

Portions : 10

Ingrédients:

- 3 gros blancs d'oeufs
- - ½ cuillère à café de crème de tartre
- - ¾ tasse de sucre.

Directions:

1. Préchauffez votre four à 200°F. Recouvrez une grande plaque à biscuits de papier sulfurisé.
2. Dans un bol de grande taille, ajoutez les blancs d'œufs et la crème de tartre, et à l'aide d'un batteur électrique, battez à vitesse moyenne jusqu'à ce que le mélange soit mousseux.
3. Ajouter une cuillère de sucre à la fois et battre à vitesse moyenne jusqu'à ce que le mélange soit homogène. Continuez à ajouter le reste en battant constamment.

4. Maintenant, réglez la vitesse sur haute et battez jusqu'à ce que des pics fermes se forment. Transférer le mélange de blancs d'œufs fouettés dans une poche à douille, munie d'une grande douille ronde.

5. Déposez 10 tourbillons sur la plaque à biscuits préparée, à environ 1 ½ pouce de distance. Faites cuire au four pendant environ 1-1¼ heure.

6. Une fois le temps de cuisson terminé, éteignez votre four mais n'ouvrez pas la porte. Laissez les biscuits dans le four refroidir pendant environ 1 à 2 heures avant de les retirer.

7. Retirez la plaque de biscuits du four et placez-la sur une grille pour qu'elle refroidisse complètement avant de servir.

Nutrition:

Calories 77

Graisse 0 g

Carbs 19 g.

40.   Gâteau aux pommes.

Temps de préparation : 15 minutes

Temps de cuisson : 38 minutes

Portions : 8

Ingrédients :

Gâteau:

- 1/3 tasse d'huile de noix de coco, fondue et divisée
- - 2 pommes moyennes, évidées et hachées
- - 1/3 tasse de sirop d'érable, divisé
- - ½ tasse de farine d'amande
- - ½ tasse de farine de noix de coco
- - 1 cuillère à café de bicarbonate de soude
- - 1 cuillère à café de piment de la Jamaïque moulu
- - 1 cuillère à café de cannelle moulue
- - ½ cuillère à café de noix de muscade moulue
- - Une pincée de clous de girofle moulus
- - ½ cuillère à café de sel
- - 4 œufs
- - ¼ tasse de lait de coco non sucré
- - 1 cuillère à café d'extrait de vanille
- - ¾ tasse de raisins secs, hachés.

Glaze:

- ¼ tasse de lait de coco non sucré
- - ¼ tasse de beurre de noix de coco
- - 2 cuillères à soupe de sirop d'érable
- - 1 cuillère à soupe de graisse de palme
- - ½ cuillère à café de piment de la Jamaïque moulu.

Directions:

1. Préchauffez votre four à 375°F. Graisser et fariner un moule à gâteau Bundt.

2. Faites fondre environ 2 cuillères à soupe d'huile de coco dans une poêle de taille moyenne à feu moyen-élevé et faites cuire les pommes pendant environ 7 à 10 minutes.

3. Ajoutez environ 1 cuillère à soupe de sirop d'érable et poursuivez la cuisson pendant 2 à 3 minutes. Retirer la poêle à pommes du feu et la mettre de côté pour qu'elle refroidisse complètement.

4. Dans un bol de grande taille, mélanger la farine, le bicarbonate de soude, les épices et le sel.

5. Ajouter les œufs, le lait de coco, l'huile, l'extrait de vanille, le reste de l'huile et le sirop d'érable dans un autre bol et bien battre.

6. Ajouter la pâte aux œufs dans le bol du mélange de farine et mélanger jusqu'à ce que tout soit bien mélangé. Incorporer les pommes et les raisins secs. Verser uniformément le mélange à gâteau dans le moule.

7. Faites cuire au four pendant environ 20 à 25 minutes. Retirer le moule à gâteau du four une fois cuit, puis le placer sur une grille pendant environ 10 minutes.

8. Retournez délicatement le gâteau sur la grille pour le laisser refroidir complètement avant de le glacer.

9. Entre-temps, pour le glaçage : dans un mélangeur à haute vitesse, ajouter tous les ingrédients et pulser jusqu'à ce qu'ils soient bien mélangés. Étendre le glaçage sur le gâteau et servir.

Nutrition:

Calories 375

Graisse 24.8 g

Carbs 37.2 g

Protéine 5.8 g.

41.   Gâteau au chocolat et à la citrouille.

Temps de préparation : 15 minutes

Temps de cuisson : 40 minutes

Portions : 10

Ingrédients:

- 1 tasse de pépites de chocolat noir non sucré
- - 1/3 tasse d'huile de noix de coco, ramollie
- - 1/3 tasse de farine de noix de coco
- - 2 cuillères à soupe de lait de coco non sucré
- - ¼ tasse de miel brut
- - ¾ tasse de purée de citrouille
- - 3 œufs
- - ½ cuillère à café de noix de muscade moulue
- - ½ cuillère à café de cannelle moulue
- - ¼ cuillère à café de gingembre moulu.

Directions:

1. Préchauffez votre four à 350°F. Graisser un plat de cuisson en verre de 8x8 pouces.
2. Placez les pépites de chocolat dans un bol allant au micro-ondes et faites-les chauffer à faible intensité pendant environ 1 ½-2 minutes, en remuant après chaque 30 secondes ou jusqu'à ce qu'elles soient complètement fondues.
3. Retirer le bol de pépites de chocolat du micro-ondes et remuer jusqu'à ce que le mélange soit lisse.
4. Dans le bol de pépites de chocolat, ajoutez l'huile de coco, la farine et le lait de coco et mélangez jusqu'à ce qu'un mélange lisse se forme. Mettre de côté pour refroidir complètement.
5. Dans un autre bol, ajouter le miel, la purée de citrouille, les œufs et les épices et battre jusqu'à ce que le mélange soit homogène.
6. Ajouter le mélange de chocolat dans le bol du mélange d'œufs et mélanger jusqu'à ce que le tout soit bien mélangé. Verser uniformément le mélange à gâteau dans le moule à gâteau préparé.

7. Faire cuire au four pendant environ 38 à 40 minutes ou jusqu'à ce qu'une brochette de bois insérée au centre en ressorte propre. Laisser refroidir le moule une fois cuit sur une grille pendant environ 10 minutes.
8. Retournez ensuite le gâteau sur la grille pour qu'il refroidisse légèrement avant de le servir. Coupez le gâteau en morceaux de la taille souhaitée et servez.

Nutrition:

Calories 282

Graisse 22.3 g

Carbs 15.6g

Protéine 5.2 g.

42.   Gâteau renversé aux canneberges.

Temps de préparation : 15 minutes

Temps de cuisson : 20 minutes

Portions : 10

Ingrédients :

Sauce aux canneberges:

- 2 tasse de canneberges fraîches
- - 1 cuillère à soupe de sirop d'érable
- - 2 cuillères à soupe de zeste de citron râpé très finement.

Gâteau:

- ½ tasse de farine de noix de coco
- - ½ cuillère à café de bicarbonate de soude
- - 2 cuillères à café de cannelle moulue
- - ¼ cuillère à café de sel
- - 3 œufs, battus
- - ¼ tasse de sirop d'érable pur
- - 1/3 tasse de purée de citrouille
- - 3 cuillères à soupe de lait d'amande non sucré
- - 1 cuillère à café d'extrait de vanille
- - ½ tasse de pacanes, hachées.

Directions:

1. Préchauffez votre four à 350°F. Graisser un moule à gâteau rond de 9 pouces.
2. Pour la sauce : dans une casserole moyenne, ajoutez tous les ingrédients à feu moyen et faites cuire pendant environ 1 à 2 minutes ou jusqu'à ce que les canneberges commencent à éclater, en remuant continuellement.
3. Retirer du feu et déposer la sauce aux canneberges dans le moule à gâteau préparé. Pendant ce temps, dans un bol de taille moyenne, mélangez la farine, le bicarbonate de soude, la cannelle et le sel.

4. Dans un autre bol, ajouter les œufs, la purée de citrouille, le sirop d'érable, le lait d'amande et l'extrait de vanille, et battre jusqu'à ce que le tout soit bien mélangé.

5. Dans le bol du mélange de farine, ajouter le mélange d'œufs et mélanger jusqu'à ce que ce soit juste mélangé. Incorporer délicatement les pacanes hachées.

6. Versez maintenant le mélange de gâteau sur la sauce aux canneberges de façon uniforme. Faites cuire au four pendant environ 16 à 20 minutes ou jusqu'à ce qu'une brochette en bois insérée au centre du gâteau en ressorte propre.

7. Retirez le moule du four et placez-le sur une grille pour le laisser refroidir pendant environ 10 minutes. Renversez délicatement le gâteau sur un plat de service et mettez-le de côté pour qu'il refroidisse complètement avant de le servir.

8. Couper le gâteau refroidi en tranches de la taille souhaitée et servir.

Nutrition:

Calories 90

Graisse 6.2 g

Carbs 6 g.

43.   Tarte au chocolat.

Temps de préparation : 20 minutes

Temps de cuisson : 5 minutes

Portions : 8

Ingrédients :

Croûte:

- 1¼ tasses de farine d'amande
- - ¼ tasse de sucre en poudre
- - ¼ tasse de cacao en poudre non sucré
- - 5 cuillères à soupe de beurre, fondu.

Remplissage:

- ¾ tasse de lait
- - ¾ tasse de crème à fouetter
- - ¼ tasse de beurre
- - 1/3 tasse de sucre en poudre
- - 3 onces de chocolat noir, haché
- - 3 cuillères à soupe de poudre de cacao non sucré
- - ½ cuillère à café de poudre d'espresso
- - 3 gros œufs.

Nappage:

- 1 tasse de fraises fraîches coupées en tranches.

Directions:

1. Pour la croûte : graisser légèrement un moule à tarte de 9 pouces avec un fond amovible. Dans un bol, ajoutez tous les ingrédients et mélangez jusqu'à ce qu'ils soient bien mélangés.
2. Déposer le mélange de la croûte dans le moule à tarte préparé et, avec les mains, presser le mélange au fond et sur les côtés. Réfrigérer jusqu'à utilisation.

3. Pour la garniture : dans une petite casserole, ajouter le lait d'amande, la crème et le beurre et porter à ébullition en remuant constamment. Retirer immédiatement du feu.
4. Ajouter le sucre, le chocolat, la poudre de cacao et la poudre d'espresso dans un mélangeur et pulser jusqu'à ce que le tout soit bien mélangé. Ajouter le mélange de crème et pulser jusqu'à ce que le mélange soit homogène. Ajouter les œufs et pulser jusqu'à ce que le mélange soit homogène.
5. Verser uniformément le mélange de chocolat sur la croûte et réfrigérer pendant environ 2 heures.
6. Presser délicatement et avec précaution le moule à tarte à partir du fond pour en retirer les côtés. Transférer la tarte sur un plateau.
7. Réfrigérer pendant environ 15 à 20 minutes avant de servir. Garnir de tranches de fraises et servir.

Nutrition:

Calories 398

Graisse 31.4 g

Carbs 25.5 g

Protéine 9.1 g.

44.   Mini-tartes aux amandes.

Temps de préparation : 15 minutes

Temps de cuisson : 25 minutes

Portions : 12

Ingrédients :

Coquilles de tarte:

- ¼ tasse de sucre blanc
- - 1/3 tasse de beurre, ramolli
- - 1 tasse de farine tout usage.

Remplissage:

- ¼ tasse de sucre brun
- - 1/3 tasse d'amandes effilées
- - 2 cuillères à soupe de beurre, ramolli
- - 2 cuillères à café de farine tout usage
- - 1½ cuillère à soupe de crème.

Directions:

1. Préchauffez votre four à 350°F. Graisser un moule à muffins de 12 tasses.
2. Pour les fonds de tarte : dans un bol, ajouter le sucre et le beurre et battre jusqu'à ce que la pâte soit lisse et crémeuse. Ajouter lentement la farine, en battant continuellement jusqu'à ce qu'une pâte lisse se forme.
3. Déposer uniformément le mélange dans les moules à muffins préparés. Avec vos doigts, pressez la pâte au fond et sur les côtés.
4. Pour la garniture : dans une petite casserole, mélanger la cassonade, les amandes et le beurre à feu moyen. Incorporer la farine et la crème et porter à une légère ébullition en remuant continuellement.
5. Faites cuire pendant environ 10 minutes, en remuant continuellement. Retirer la casserole de garniture du feu et la laisser refroidir légèrement.
6. Verser uniformément le mélange de garniture dans les moules à tartelettes préparés. Faites cuire au four pendant environ 10 à 15 minutes.

7. Retirer du four et mettre de côté pendant 10 à 15 minutes. Retirer délicatement chaque tarte des moules à muffins et servir.

Nutrition:

Calories 144

Graisse 8.5 g

Carbs 15.5 g

Protéine 1.7 g.

45.   Bagatelle fraise et banane.

Temps de préparation : 15 minutes

Temps de cuisson : 0 minute

Portions : 12

Ingrédients:

- 3 tasses de lait froid
- - 1 paquet (5 onces) de mélange de pouding instantané à la vanille
- - 1 gâteau des anges de 9 po, coupé en cubes
- - 4 bananes moyennes, pelées et tranchées
- - 1 paquet de 16 onces de fraises congelées, décongelées
- - 1 contenant de 12 oz de garniture fouettée congelée, décongelée
- - ½ tasse de fraises fraîches, équeutées et tranchées.

Directions:

1. À l'aide du lait, préparez le mélange pour pudding en suivant les instructions de l'emballage.
2. Dans un bol à bagatelle de service, placez une rangée de la moitié des cubes de gâteau, suivie de la moitié du pouding, de la banane, des fraises congelées et de la garniture fouettée.
3. Répéter les couches dans le même ordre. Couvrir et réfrigérer pendant 4 heures. Garnir de fraises fraîches et servir.

Nutrition:

Calories 239

Graisse 8.3 g

Carbs 37.9 g

Protéine 5.4 g.

46.   Pudding à la banane sans cuisson.

Temps de préparation : 15 minutes

Temps de cuisson : 0 minute

Portions : 12

Ingrédients:

- 1 (paquet de 8 oz de fromage à la crème, ramolli
- - 1 paquet (5 onces) de mélange de pouding instantané à la vanille
- - 3 tasses de lait froid
- - 1 boîte de 14 onces de lait condensé sucré
- - 1 cuillère à café d'extrait de vanille
- - ½ livre de garniture fouettée congelée, complètement décongelée et divisée
- - ½ paquet de gaufrettes à la vanille (12 onces)
- - 4 bananes moyennes, pelées et tranchées.

Directions:

1. Dans un grand bol, ajouter le fromage à la crème et battre jusqu'à ce qu'il soit mousseux. Ajouter le mélange de pouding à la vanille, le lait, le lait concentré et l'extrait de vanille et battre jusqu'à ce que le mélange soit homogène et lisse.
2. Incorporer 4 onces de garniture fouettée. Disposer uniformément les gaufrettes dans le fond d'un plat de cuisson de 13 x 9 pouces.
3. Placer les bananes tranchées sur les gaufrettes de façon égale. Déposer uniformément le mélange de fromage à la crème sur les tranches de bananes.
4. Déposer uniformément le reste de la garniture fouettée sur le mélange de fromage à la crème. Réfrigérer pour refroidir avant de servir.

Nutrition:

Calories 363

Graisse 17.5 g

Carbs 45.6 g

Protéine 8.1 g.

47.   Mousse aux canneberges et à l'orange.

Temps de préparation : 10 minutes

Temps de cuisson : 2 minutes

Portions : 4

Ingrédients:

- 1 tasse de lait de coco non sucré
- - 8 onces de canneberges fraîches
- - ¼ tasse de miel
- - 3 cuillères à soupe de jus d'orange frais
- - 1 cuillère à café d'extrait de vanille
- - 1 cuillère à soupe de gélatine d'herbe
- - 2 cuillères à café de zeste d'orange frais, râpé très finement.

Directions:

1. Ajouter le lait de coco et les canneberges dans un mélangeur à haute vitesse et pulser jusqu'à consistance lisse. Ajouter le miel, le jus d'orange et la vanille et pulser jusqu'à ce que le mélange soit homogène.

2. À travers un tamis fin, passer le mélange dans une casserole à feu moyen. Faire cuire pendant environ 2 minutes, en remuant continuellement.
3. Retirer du feu. Ajouter lentement la gélatine et remuer jusqu'à dissolution complète, en remuant continuellement. Incorporer le zeste d'orange.
4. Transférer le mélange dans 4 bols de service. Réfrigérer pour faire durcir avant de servir.

Nutrition:

Calories 249

Graisse 14.3 g

Carbs 27.5 g

Protéine 3 g.

48.   Crème brûlée au potiron.

Temps de préparation : 15 minutes

Temps de cuisson : 45 minutes

Portions : 8

Ingrédients:

- 3 cuillères à soupe de sucre en poudre
- - 4 gros jaunes d'oeufs
- - 1 tasse de crème épaisse
- - ½ tasse de lait
- - ½ tasse de purée de citrouille
- - ½ cuillère à café d'extrait de vanille
- - ½ cuillère à café d'épices pour tarte au potiron
- - ¼ cuillère à café de sel
- - 4 cuillères à café de sucre cristallisé.

Directions:

1. Préchauffez votre four à 300°F. Disposez 8 ramequins dans un grand plat de cuisson.
2. Dans un bol, ajouter le sucre en poudre et les jaunes d'œufs et battre jusqu'à l'obtention d'un mélange légèrement épais. Mettre de côté.
3. Dans une petite casserole, ajouter la crème et le lait à feu moyen-élevé et faire cuire jusqu'à ce que le mélange commence à bouillonner, en remuant fréquemment. Retirer du feu.
4. Ajouter lentement le mélange d'œufs au mélange de crème, en battant continuellement jusqu'à ce que le tout soit bien mélangé. Ajouter la purée de citrouille, l'extrait de vanille, l'épice pour tarte à la citrouille et le sel et battre jusqu'à ce que le mélange soit homogène.
5. Transférer le mélange dans les ramequins à environ ¾ de leur capacité. Ajouter de l'eau bouillante dans le plat de cuisson, à peu près à mi-hauteur du côté des ramequins. Faites cuire au four pendant environ 30 à 40 minutes.

6. Retirer du four et transférer les ramequins au réfrigérateur pendant au moins 4 heures. Juste avant de servir, saupoudrer uniformément les ramequins de sucre cristallisé.

7. À l'aide d'un chalumeau de cuisine, caraméliser le sucre pendant environ 2 minutes à une distance de 4 à 5 pouces du sommet. Mettez les ramequins de côté pendant environ 8 à 10 minutes avant de servir.

Nutrition:

Calories 112

Graisse 8.2 g

Carbs 7.8 g

Protéine 2.3 g.

49.   Sangria au cidre de pommes de Thanksgiving.

Temps de préparation : 10 minutes

Temps de cuisson : 4-6 minutes

Portions : 4-6

Ingrédients:

- 4 1/2 tasses de cidre de pommes (non alcoolisé)
- - 2 cuillères à soupe de sucre (réduisez le sucre ajouté si vous préférez qu'il soit moins sucré)
- - 4 bâtons de cannelle
- - 6 clous de girofle entiers
- - 4 baies de piment de la Jamaïque
- - 1/2 tasse de Cointreau
- - 1 pomme, évidée et coupée en fines tranches
- - 1 poire rouge, évidée et coupée en fines tranches
- - 12 oz. de raisins sans pépins

- - 1 bouteille de vin rouge
- - 1/4 de tasse de brandy
- - 1 1/2 cuillère à café de vanille.

Directions:

1. Dans une casserole, fouettez le cidre de pommes et le sucre à feu moyen jusqu'à ce que le sucre soit dissous. Ajouter les clous de girofle, la cannelle et les baies de piment de la Jamaïque. Faire bouillir et laisser mijoter pendant 2 minutes.
2. Retirer, puis laisser refroidir. Filtrer le cidre. Placcz la pomme, la poire et les raisins dans le fond d'un pichet de sangria. Versez le cidre, le Cointreau, le vin rouge, le brandy et la vanille. Remuez bien.
3. Réfrigérez la sangria pendant au moins deux heures. Avant de servir, remuez à nouveau. Versez la sangria et quelques morceaux de fruits dans chaque verre.

Nutrition:

Calories: 204

Carbs: 28g

Graisse: 0g

Protéine: 0g.

50.   Thé érable-gingembre.

Temps de préparation : 3-4 minutes

Temps de cuisson : 5-6 minutes

Portions : 1

Ingrédients:

- 2 sachets de thé au gingembre
- - 1 1/2 oz. de bourbon
- - 1 cuillère à soupe + 1 cuillère à café de jus de citron frais + réserver quelques zestes de citron pour la garniture
- - 2 cuillères à café de sirop d'érable
- - 3/4 de tasse d'eau bouillante.

Directions:

1. Versez de l'eau bouillante sur les sachets de thé dans une tasse. Laisser infuser pendant 5 minutes, puis retirer les sachets de thé. Incorporer le jus de citron, le bourbon et le sirop d'érable. Garnir d'un zeste de citron.
2. Le thé peut être infusé de 2 à 3 jours à l'avance. Couvrir et laisser refroidir. Réchauffer avant de servir.

Nutrition:

Calories: 58

Carbs: 14g

Graisse: 2g

Protéine: 2g.

51.   Sangria aux canneberges à petit prix.

Temps de préparation : 10-12 minutes

Temps de cuisson : 0 minute

Portions : 4-5

Ingrédients:

- 1 tasse de canneberges fraîches
- - 1/2 grosse pomme, coupée en tranches
- - 1/2 orange, coupée en tranches
- - 1 bouteille de vin rouge économique
- - 3 tasses d'eau tonique, réfrigérée.

Directions:

1. Mélangez les canneberges dans votre grand pichet. Écrasez les canneberges à l'aide du dos d'une cuillère.
2. Ajoutez les tranches d'orange et de pomme et mélangez. Versez le vin et mélangez. Couvrez et mettez au réfrigérateur toute la nuit. Ajoutez l'eau tonique avant de servir. Servir froid.

Nutrition:

Calories: 80

Carbs: 21g

Graisse: 0g

Protéine: 0g.

52.   Punch à la cannelle et à l'ananas.

Temps de préparation : 5 minutes

Temps de cuisson : 0 minute

Portions : 3 gallons

Ingrédients:

- 3 gousses de noix de muscade
- - 3 cuillères à soupe de baies de piment de la Jamaïque
- - 2 quarts de jus d'ananas
- - 3 bâtons de cannelle, brisés en morceaux
- - 2 quarts de jus d'orange
- - 12 bouteilles de vin rouge
- - 1 bouteille de cognac
- - 1 bouteille de rhum brun
- - Quelques tasses de sirop simple à volonté
- - 10 oranges, coupées en quartiers.

Directions:

1. Mettez les gousses de muscade dans une serviette en tissu et cassez-les en morceaux à l'aide d'un marteau.
2. Mélangez la noix de muscade, les baies de quatre-épices et la cannelle dans une grande casserole et faites-les rôtir pendant quelques minutes à feu moyen jusqu'à ce que vous sentiez l'arôme.
3. Ajoutez les jus d'orange et d'ananas et portez le mélange à ébullition. Réduisez le feu et laissez mijoter pendant 30 minutes supplémentaires.
4. Retirez la casserole du feu et filtrez le liquide à travers une passoire dans un grand récipient. Jetez les épices. Ajoutez le vin, le rhum et le cognac. Remuez bien.
5. Ajoutez 1 tasse de sirop (goûtez et ajoutez-en si vous le souhaitez). Ajoutez les tranches d'orange, couvrez le récipient et mettez-le au réfrigérateur pour le refroidir.
6. Avant de servir, transférez le mélange dans un grand bol à punch en verre. Servez la glace sur le côté.

Nutrition:

Calories: 98

Carbs: 25g

Graisse: 0g

Protéine: 0g.

53. Vin rouge chaud épicé.

Temps de préparation : 10 minutes

Temps de cuisson : 40 minutes

Portions : 6-8

Ingrédients:

- 2 bouteilles de vin rouge fruité
- - zeste d'une orange, coupé en lamelles
- - 1 1/2 tasse de sucre brun foncé
- - 2 cuillères à café de grains de poivre noir, écrasés
- - 1 bâton de cannelle, brisé en morceaux
- - 3 feuilles de laurier
- - 1 cuillère à café de graines de fenouil, légèrement écrasées.

Directions:

1. Placez les grains de poivre, le fenouil et la cannelle dans une étamine et attachez-la avec une ficelle.

2. Dans une grande casserole, mélangez le vin, les feuilles de laurier et le zeste d'orange. Mettez-y l'étamine avec les aromates. Couvrez puis laissez mijoter à feu doux pendant 10 minutes.

3. Éteignez le feu et laissez infuser pendant 30 minutes. Retirez les aromates et les lamelles de zeste d'orange. Incorporer le sucre jusqu'à ce qu'il soit dissous.

4. Une fois refroidi, le vin chaud peut être conservé au réfrigérateur jusqu'à 3 jours. Réchauffez le vin chaud avant de servir.

Nutrition:

Calories: 255

Carbs: 42g

Graisse: 1g

Protéine: 1g.

54.   Paloma aux agrumes et au gingembre avec du miel.

Temps de préparation : 5 minutes

Temps de cuisson : 5 minutes

Portions : 4

Ingrédients :

Sirop de gingembre:

- 1/2 tasse de miel
- - 1 pouce de gingembre frais, haché
- - 8 feuilles de menthe.

Paloma:

- 1/2 tasses de jus de grenade
- - 1/3 tasse de jus de pamplemousse
- - le jus de 1/2 citron vert
- - 2-4 cuillères à soupe de sirop de gingembre
- - 2-3 oz. de tequila
- - glace pilée
- - bière de gingembre ou eau pétillante pour le nappage.

Directions:

Sirop de gingembre:

1. Dans une casserole, ajoutez 1/2 tasse d'eau, le miel et le gingembre. Portez à ébullition et laissez mijoter pendant 1 à 2 minutes. Éteindre le feu.
2. Ajouter la menthe, couvrir et laisser infuser pendant 10 à 15 minutes. Filtrez le gingembre et la menthe. Transférer dans un bocal en verre et conserver au réfrigérateur jusqu'à 2 semaines.

Paloma:

3. Remplissez votre verre à moitié de glace. Ajoutez tous les jus, le sirop et la tequila. Remuez et complétez avec de la bière de gingembre ou de l'eau pétillante. Décorez de menthe.

Nutrition:

Calories: 77

Carbs: 3g

Graisse: 7g

Protéine: 1g.

55.   Épices pour tarte à la citrouille.

Temps de préparation : 5 minutes

Temps de cuisson : 0 minute

Portions : 3

Ingrédients:

- 1 cuillère à café de cannelle moulue
- - ¼ de cuillère à café de gingembre moulu
- - ¼ cuillère à café de noix de muscade moulue
- - 1/8 cuillère à café de clous de girofle moulus.

Directions:

1. Dans un bol, mélanger tous les ingrédients.
2. Conserver dans un bocal hermétique.

Nutrition:

Calories 4

Graisse 0.1 g

Carbs 0.9 g

Protéine 0.1 g.

56.   Confiture de canneberges.

Temps de préparation : 15 minutes

Temps de cuisson : 20 minutes

Portions : 40

Ingrédients:

- 1½ tasses d'eau
- - 3 tasses de canneberges
- - 2 tasses de bananes, pelées et écrasées
- - 1 cuillère à café de jus de citron frais
- - ½ contenant (6 onces liquides) de pectine liquide.

Directions:

1. Dans une casserole de grande taille, mélanger l'eau et les canneberges à feu moyen et laisser mijoter pendant environ 10 minutes, en remuant de temps en temps.
2. Incorporer la banane et faire cuire pendant environ 1 minute, en remuant continuellement. Incorporer le jus de citron et la pectine et retirer du feu. Transférez la confiture dans des pots stérilisés chauds, en les remplissant jusqu'à environ ¼ de pouce du haut.
3. Faites glisser un petit couteau à l'intérieur de chaque pot pour éliminer les bulles d'air. Essuyez toute trace de nourriture sur le rebord des pots avec un torchon de cuisine propre et humide.
4. Fermez chaque bocal avec un couvercle et vissez l'anneau. Placez les bocaux dans une marmite à eau bouillante et faites-les cuire pendant environ 10 minutes.
5. Retirez les bocaux de la casserole d'eau et placez-les sur une surface en bois à plusieurs pouces de distance pour qu'ils refroidissent complètement.
6. Après avoir refroidi, appuyez avec votre doigt sur le haut du couvercle de chaque pot pour vous assurer que le joint est bien serré. La confiture peut être conservée dans le garde-manger pendant un an au maximum.

Nutrition:

Calories 12

Graisse 0 g

Carbs 2.6 g

Protéine 0.1 g.

57.   Relish aux canneberges et aux pommes.

Temps de préparation : 15 minutes

Temps de cuisson : 0 minute

Portions : 16

Ingrédients:

- 2 oranges navel
- - 2 pommes, pelées, évidées et hachées
- - 2 paquets de canneberges (12 onces)
- - 2 tasses de branches de céleri, hachées
- - 3 tasses de sucre blanc.

Directions:

1. Râper le zeste des deux oranges dans un petit bol. Mettez-les de côté. Jeter la membrane blanche et les graines des oranges et les couper en segments. Diviser les segments d'orange en 2 portions.
2. Dans un robot culinaire, ajouter 1 portion d'oranges et la moitié des pommes et des canneberges et pulser jusqu'à ce que le tout soit haché grossièrement.
3. Transférer le mélange dans un bol de grande taille. Maintenant, pulser le mélange de fruits et le mélanger avec le mélange de fruits précédent.
4. Ajouter le sucre et le zeste d'orange réservé et mélanger jusqu'à ce que le tout soit bien mélangé. Couvrez et mettez au réfrigérateur pendant au moins 8 heures avant de servir.

Nutrition:

Calories 191

Graisse 0.1 g

Carbs 48.3 g

Protéine 0.4 g.

58. Chutney aux raisins secs et à l'orange.

Temps de préparation : 10 minutes

Temps de cuisson : 25 minutes

Portions : 8

Ingrédients:

- 2 cuillères à soupe de farine
- - 1 tasse d'eau
- - 1 tasse de raisins secs
- - 1 tasse de jus d'orange frais
- - 4 cuillères à soupe de sucre
- - ¼ cuillère à café de sel
- - Pincée de clous de girofle moulus.

Directions:

1. Dans un bol de petite taille, dissoudre la farine dans ½ tasse d'eau. Mettre de côté. Dans une casserole de petite taille, ajouter les raisins secs, le jus d'orange et le reste de l'eau et porter à ébullition.
2. Ajouter le mélange de farine, en remuant continuellement. Ajouter le sucre, le sel et les clous de girofle, et de nouveau, porter à ébullition.
3. Ajustez maintenant le feu à faible intensité et laissez mijoter pendant environ 10 à 15 minutes ou jusqu'à épaississement, en remuant de temps en temps.
4. Retirez la casserole de chutney du feu et mettez-la de côté pour la laisser refroidir avant de la servir.

Nutrition:

Calories 98

Graisse 0.2 g

Carbs 25.1 g

Protéine 1 g.

59.   Sauce BBQ.

Temps de préparation : 15 minutes

Temps de cuisson : 60 minutes

Portions : 12

Ingrédients:

- 16 onces de sauce tomate à faible teneur en sodium
- - ½ tasse de vinaigre de cidre de pomme
- - 5 cuillères à soupe de miel
- - 2 cuillères à soupe de pâte de tomate
- - 1 cuillère à soupe de jus de citron frais
- - ½ cuillère à soupe de moutarde moulue
- - ½ cuillère à soupe de poudre d'oignon
- - ½ cuillère à soupe de poivre noir moulu
- - 1 cuillère à café de paprika
- - 1 tasse d'eau.

Directions:

1. Dans une casserole moyenne, mélanger tous les ingrédients à feu moyen-élevé et porter à légère ébullition.
2. Ajuster ensuite le feu à doux et laisser mijoter pendant environ 1 heure ou jusqu'à l'épaisseur désirée. Retirer du feu et transférer dans un récipient hermétique.
3. Laisser refroidir complètement avant de le conserver au réfrigérateur.

Nutrition:

Calories 45

Graisse 0.3 g

Carbs 10.5 g,

Protéine 0.9 g.

60.   Épices pour mulling.

Temps de préparation : 10 minutes

Temps de cuisson : 0 minute

Portions : 32

Ingrédients:

- 3 onces de bâtons de cannelle
- - 1/3 de tasse de gousses de cardamome
- - ¼ tasse de gousses d'anis étoilé
- - ¼ tasse de baies de piment de la Jamaïque
- - ¼ tasse de clous de girofle entiers
- - 1/3 tasse d'écorce d'orange séchée
- - ¼ tasse de grains de poivre noir.

Directions:

1. Placez les bâtons de cannelle, les gousses de cardamome, les baies de piment de la Jamaïque, les clous de girofle et l'anis étoilé dans un grand sac à fermeture éclair. À l'aide d'un rouleau à pâtisserie, écraser les épices à quelques reprises.
2. Transférer les épices écrasées dans un bocal hermétique et incorporer le zeste d'orange et les grains de poivre.

Nutrition:

Calories 19

Graisse 0.5 g

Carbs 4.7 g

Protéine 0.5 g.

Conclusion.

C'est de nouveau la période de l'année. Pour beaucoup d'entre nous, les restes s'amenuisent et nos estomacs grondent. À l'approche de Thanksgiving, les familles planifient ce qu'elles vont cuisiner pour cette fête annuelle. Mais ce que les Américains ne savent pas, c'est que Thanksgiving ne se résume pas à la dinde ou aux recettes de dinde. Il existe de nombreux aliments qui sont habituellement servis pendant cette fête.

Thanksgiving est une fête familiale que les gens attendent avec impatience chaque année. C'est un jour où l'on se réunit en famille et entre amis, où l'on mange des plats délicieux et où l'on profite de la compagnie des autres. Cependant, la préparation du repas peut souvent être accablante. Il y a tellement de choses à faire et à rassembler avant le grand jour. Si vous vous laissez gagner par le stress et commencez à vous sentir dépassé, respirez profondément et détendez-vous.

Avec l'aide de ce livre de cuisine, vous pouvez vous concentrer sur la préparation de délicieux plats de Thanksgiving, sans les tracas qui accompagnent la préparation des repas de Thanksgiving. Ce livre de cuisine comprend des recettes pour le menu principal et les accompagnements essentiels, à savoir les haricots verts, le maïs, le maïs à la crème, la salade, etc.

Si vous êtes un fan des recettes de Thanksgiving et de la cuisine en général, alors ce livre est fait pour vous. Le livre de cuisine de Thanksgiving offre une variété de recettes faciles à suivre qui deviendront effectivement une tradition familiale. Préparez-vous pour le grand jour avec l'aide de ce livre de cuisine.

Merci d'avoir donné une chance à ce livre de cuisine. Pour ce Thanksgiving, prenez votre temps pour tout préparer. La dernière chose que vous voulez faire est de vous dépêcher de retrouver tout le monde pour le dîner. Profitez du repas, et savourez l'expérience.

Autres livres de recettes par Michelle Lee

1. Livre de recettes méditerranéennes
2. Livre de recettes végétariennes
3. Livre de recettes allemandes
4. Livre de recettes italiennes
5. Recettes de smoothie faciles
6. Livre de recettes espagnoles
7. Livre de recettes russes
8. Livre de recettes indiennes
9. Livre de recettes mexicaines
10. Livre de recettes philippines
11. Livre de recettes français
12. Livre de recettes grecques
13. Livre de recettes coréennes
14. Ramen livre de recettes.
15. Livre de recettes italien 2
16. Livre de recettes chinoises
17. Livre de recettes asiatiques.

Livres de recettes de vacances par Michelle Lee

1. Livres de cuisine de Thanksgiving.

Printed in Poland
by Amazon Fulfillment
Poland Sp. z o.o., Wrocław
29 September 2023